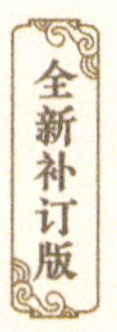
全新补订版

中国古代文化常识

王　力　主编

马汉麟　著

余才林　补订

天津出版传媒集团

天津人民出版社

图书在版编目（CIP）数据

中国古代文化常识：全新补订版/王力主编；马
汉麟著. -- 天津：天津人民出版社，2023.1
　　ISBN 978-7-201-18751-8

　　Ⅰ.①中… Ⅱ.①王… ②马… Ⅲ.①中华文化—文
化史—古代 Ⅳ.①K220.3

　　中国版本图书馆CIP数据核字(2022)第161507号

中国古代文化常识：全新补订版

ZHONGGUO GUDAI WENHUA CHANGSHI：
QUANXIN BU DING BAN

出　　版　天津人民出版社
出 版 人　刘　庆
地　　址　天津市和平区西康路35号康岳大厦
邮政编码　300051
邮购电话　（022）23332469
电子信箱　reader@tjrmcbs.com

策　　划　沈海涛
责任编辑　金晓芸
特约编辑　燕文青
装帧设计　明轩文化 · 王烨

经　　销　新华书店
开　　本　710毫米×1000毫米　1/16
印　　张　19
字　　数　200千字
版次印次　2023年1月第1版　　2023年1月第1次印刷
定　　价　78.00元

补订例言

一、王力主编《古代汉语》通论部分中的中国古代文化常识，涉及广泛，内容详明，知识性强，自成体系，且叙述辨析严谨畅达，有很强的学术性。又行文平易简洁，雅俗共赏，为学习中国古代文化知识之入门书。原文精约简要，今试作补订，以资博雅，冀为读者阅读之助。

二、凡原文叙述简略，或文意引而未伸的，今作进一步说明，或引相关文献印证。

三、凡原文中的重要名物、典章制度及语词，今引相关典故及文献，相互生发。

四、凡原文未能涉及，又与原文密切相关的重要知识，今作补充说明及引证。

五、原文叙述或表达有疏误处，今作更正说明。

六、原文表达或易于引起误解的，今作澄清说明。

七、部分补订文字既与原文相关，又与插图关联，与插图相互发明。

八、补订文字以补充及修订原文内容为中心，力求准确详明。注重知识性，同时也注意内容的文学性和趣味性。

九、行文视内容表达需要，或用叙述，或引原文，均力求简洁完整。

余才林

2022 年 12 月

于天津时代奥城

目 录

第一章

天文

在上古时代，人们把自然看得很神秘，认为整个宇宙有一个至高无上的主宰，就是帝或上帝。在上古文献里，天和帝常常成为同义词。古人又认为各种自然现象都有它的主持者，于是把它们人格化了，并赋予一定的名字，例如风师谓之飞廉，雨师谓之荓翳（屏翳），云师谓之丰隆，日御谓之羲和，月御谓之望舒（这里是举例性质，见《广雅·释天》）等等，就是这种观念的反映。这些带有神话色彩的名字，为古代作家所沿用，成了古典诗歌辞赋中的辞藻，这是一方面。另一方面，我国是世界上最早进入农耕生活的国家之一，农业生产要求有准确的农事季节，所以古人观测天象非常精勤，这就促进了古代天文知识的发展。根据现有可信的史料来看，殷商时代的甲骨刻辞早就有了某些星名和日食、月食的记载，《尚书》《诗经》《春秋》《左传》《国语》《尔雅》等书有许多关于星宿的叙述和丰富的天象记录，《史记》有《天官书》，《汉书》有《天文志》。我们可以说远在汉代我国的天文知识就已经相当丰富了。

古人的天文知识也相当普及。明末清初的学者顾炎武说：

三代以上，人人皆知天文。"七月流火"，农夫之辞也。"三星在户"，妇人之语也。"月离于毕"，戍卒之作也。"龙尾伏辰"，儿童之谣也。后世文人学士，有问之而茫然不知者矣。

我们现在学习古代汉语当然不是系统学习我国古代的天文学，但是了解古书中一些常见的天文基本概念，对于提高阅读古书能力无疑是有帮助的。现在就七政、二十八宿四象、三垣、十二次、分野等分别加以叙述。

七政

古人把日月和金木水火土五星合起来称为七政或七曜。金木水火土五星是古人实际观测到的五个行星，它们又合起来称为五纬。

金星古曰明星，又名太白，因为它光色银白，亮度特强。《诗经》"子兴视夜，明星有烂"（《诗经·郑风·女曰鸡鸣》），"昏以为期，明星煌煌"（《诗经·陈风·东门之杨》），都是指金星说的。金星黎明见于东方叫启明，黄昏见于西方叫长庚，所以《诗经》说"东有启明，西有长庚"（《诗经·小雅·大东》）。

木星古名岁星，迳称为岁。古人认为岁星十二年绕天一周，每年行经一个特定的星空区域，并据以纪年。（下文谈到十二次和纪年法时还要回到这一点上来。）

水星一名辰星，火星古名荧惑，土星古名镇星或填星。值得注意的是，先秦古籍中谈到天象时所说的水并不是指行星中的水星，而是指恒星中的定星（营室，即室宿，主要是飞马座的 α、β 二星），《左传·庄公二十九年》"水昏正而栽"，就是一个例子。所说的火也并不是指行星中的火星，而是指恒星中的大火，《诗经》"七月流火"，就是一个例子。

大火即心宿，特指心宿二，即天蝎座 α 星。《史记·天官书》所说的火，才是指火星（荧惑）。

补订：

金木水火土五行星，古籍中多用别名，如《史记·天官书》："月蚀岁星，其宿地，饥若亡。荧惑也乱，填星也下犯上，太白也彊（强）国以战败，辰星也女乱。"

金星黎明见于东方叫启明，黄昏见于西方叫长庚，见于唐诗，如刘禹锡《途中早发》："中庭望启明，促促事晨征。"李白《答王十二寒夜独酌有怀》："孤月沧浪河汉清，北斗错落长庚明。"又李商隐《无题四首》其三："归去横塘晓，华星送宝鞍。"张少博《雪夜观象阙待漏》："北斗横斜汉，东方落曙星。""华星""曙星"即金星。

《诗经·七月》："七月流火。"王力《古代汉语》注释："流，向下行。火，星宿名，或称'大火'，就是'心宿'。周时夏历六月黄昏时候，心宿出现于南方，方向最正，位置最高。到了七月，就偏西向下了。"

二十八宿四象

古人观测日月五星的运行是以恒星为背景的，这是因为古人觉得恒星相互间的位置恒久不变，可以利用它们做标志来说明日月五星运行所到的位置。经过长期的观测，古人先后选择了黄道、赤道附近的二十八个星宿作为"坐标"，称为二十八星宿。

黄道是古人想象的太阳周年运行的轨道。地球沿着自己的轨道围绕太阳公转，从地球轨道不同的位置看太阳，则太阳在天球上的投影的位置也不相同。这种视位置的移动叫作太阳的视运动，太阳周年视运动的轨迹就是黄道。这里所说的赤道不是指地球赤道，而是天球赤道，即地球赤道在天球上的投影。星宿这个概念不是指一颗一颗的星星，而是表示邻近的若干个星的集合。古人把比较靠近的若干个星假想地联系起来，给以一个特殊的名称，如毕、参、箕、斗等等，后世又名星官。

清乾隆　金嵌珍珠天球仪

二十八宿即：

东方苍龙七宿　角亢氐(dī)房心尾箕

北方玄武七宿　斗牛女虚危室壁

西方白虎七宿　奎娄胃昴毕觜(zī)参

南方朱雀七宿　井鬼柳星张翼轸(zhěn)

　　东方苍龙、北方玄武(龟蛇)、西方白虎、南方朱雀，这是古人把每一方的七宿联系起来想象成的四种动物形象，叫作四象。以东方苍龙为例，从角宿到箕宿看成为一条龙，角像龙角，氐房像龙身，尾宿即龙尾。再以南方朱雀为例，从井宿到轸宿看成为一只鸟，柳为鸟嘴，星为鸟颈，张为嗉(sù)，翼为羽翮(hé)。这和外国古代把某些星座想象成为某些动物的形象(如大熊、狮子、天蝎等)很相类似。

西汉　青龙、白虎、朱雀、玄武四神瓦当

明　闵齐伋《会真六幻》图以青龙、白虎、朱雀、玄武表示东西南北四方

上文说过，古人以恒星为背景来观测日月五星的运行，而二十八宿都是恒星。了解到这一点，那么古书上所说的"月离于毕""荧惑守心""太白食昴"这一类关于天象的话就不难懂了。

"月离于毕"意思是月亮附丽于毕宿(离，丽也)；"荧惑守心"是说火星居于心宿；"太白食昴"是说金星遮蔽住昴宿。如此而已。苏轼在《前赤壁赋》里写道："少焉，月出于东山之上，徘徊于斗牛之间。"也是用的二十八宿坐标法。

《晋书·张华传》记载，东吴尚未平定时，斗牛之间常有紫气，道术者都认为东吴正强盛，不可图谋平定，唯独张华以为不然。等到东吴平定之后，紫气愈明。张华听说豫章人雷焕精通纬象，于是邀雷焕共宿。二人夜登楼仰观天象，雷焕说："我观察很久了，唯独斗牛之间颇有异气。"张华问道："这是什么祥瑞？"雷焕说："这是宝剑的精气，照射于天。"张华问道："宝剑在何郡？"雷焕说："在豫章丰城。"于是张华补雷焕为丰城令。雷焕到县，掘牢狱屋基，入地四丈余，得一石函，光气非常，里面有双剑，一名龙泉，一名太阿。这天晚上，斗牛间的紫气再也看不见了。

二十八宿不仅是观测日月五星位置的坐标，其中有些星宿还是古人测定岁时季节的观测对象。例如在上古时代，人们认为初昏时参宿在正南方就是春季正月，心宿在正南方就是夏季五月，等等。（这是就当时的天象说的。《夏小正》："正月初昏参中，五月初昏大火中。"）

古人对于二十八宿是很熟悉的，有些星宿由于星象特殊，引人注目，成了古典诗歌描述的对象。《诗经》"维南有箕，不可以簸扬；维北有斗，不可以挹酒浆"

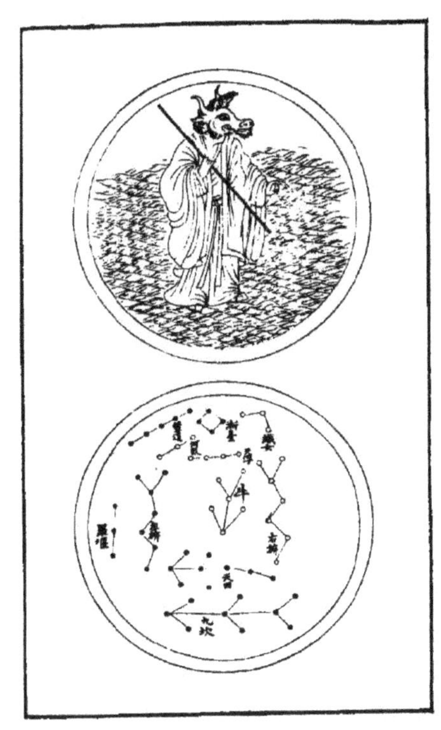

明　程君房《程氏墨苑》卷二《牛宿图》

（《诗经·小雅·大东》），这是指箕宿和斗宿说的。箕斗二宿同时出现于南方天空时，箕宿在南，斗宿在北。箕宿四星联系起来想象成为簸箕形，斗宿六星联系起来想象成为古代舀酒的斗形。《诗经》"三星在天""三星在隅""三星在户"，则是指参宿而言（此从《毛传》），因为参宿有耀目的三星连成一线。至于乐府诗里所说的"青龙对道隅"（《陇西行》），道指黄道，青龙则指整个苍龙七宿了。

有的星宿，伴随着动人的神话故事，成为后世作家沿用的典故。脍炙人口的牛郎织女故事不必叙述。

二十八宿中的参心二宿的传说也是常被后人当作典故引用的。《左传·昭公元年》说：

但是织女不是指北方玄武的女宿，而是指天琴座的 α 星；牛郎也不是指北方玄武的牛宿，而是指天鹰座的 α 星，牛郎所牵的牛才是牛宿。

> 昔高辛氏有二子，伯曰阏伯，季曰实沈，居于旷林，不相能也，日寻干戈，以相征讨。后帝不臧，迁阏伯于商丘，主辰（主祀大火），商人是因，故辰为商星（即心宿）；迁实沈于大夏（晋阳），主参（主祀参星），唐人是因……故参为晋星（即参宿）。

因此后世把兄弟不和睦比喻为参辰或参商。又因为参宿居于西方，心宿居于东方，出没两不相见，所以后世把亲朋久别不能重逢也比喻为参辰或参商。杜甫《赠卫八处士》所说的"人生不相见，动如参与商"，就是这个意思。

补订：

"参商"喻两人不能相见或离别的诗例很多，又如高适《宋中十首》其十："阏伯去已久，高丘临道傍。人皆有兄弟，尔独为参商。"白居易《太行路——借夫妇以讽君臣之不终也》："与君结发未五载，岂期牛女为参商。"元稹《代九九》："参商半夜起，琴瑟一声离。"

随着天文知识的发展，出现了星空分区的观念。古人以上述的角亢氐房心尾箕等二十八个星宿为主体，把黄道、赤道附近的一周天按照由西向东的方向分为二十八个不等份。在这个意义上说，二十八宿就意味着二十八个不等份的星空区域了。

陕西靖边汉墓出土《二十八星宿图》

三垣

古代对星空的分区，除二十八宿外，还有所谓三垣，即紫微垣、太微垣、天市垣。

古人在黄河流域常见的北天上空，以北极星为标准，集合周围其他各星，合为一区，名曰紫微垣。在紫微垣外，在星张翼轸以北的星区是太微垣，在房心尾箕斗以北的星区是天市垣，这里不一一细说。

补订：

唐开元元年（713）取天文紫微垣之义，改中书省为紫微省，中书令为紫微令，又以紫微称中书舍人。省中种

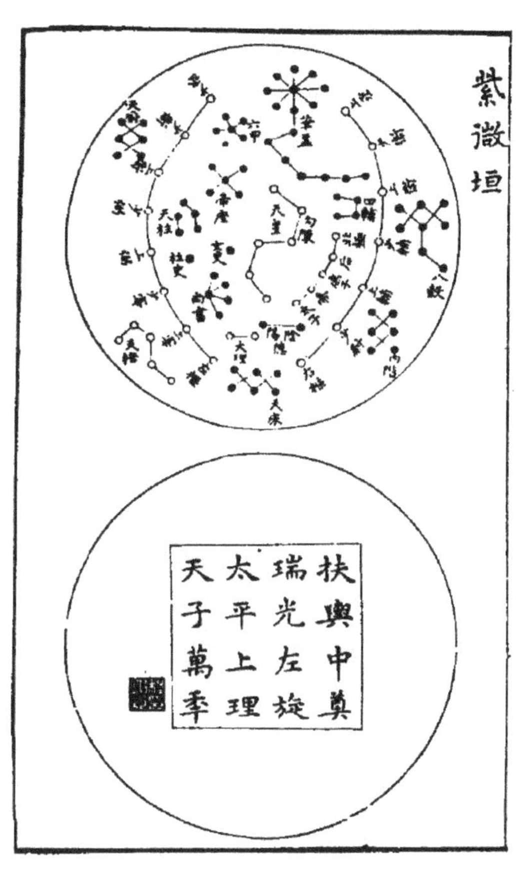

明　程君房《程氏墨苑》卷一《紫微垣》

现在说一说北斗。北斗是由天枢、天璇、天玑、天权、玉衡、开阳、摇光七星组成的，古人把这七星联系起来想象成为古代舀酒的斗形。天枢、天璇、天玑、天权组成为斗身，古曰魁；玉衡、开阳、摇光组成为斗柄，古曰杓。北斗七星属于大熊座。

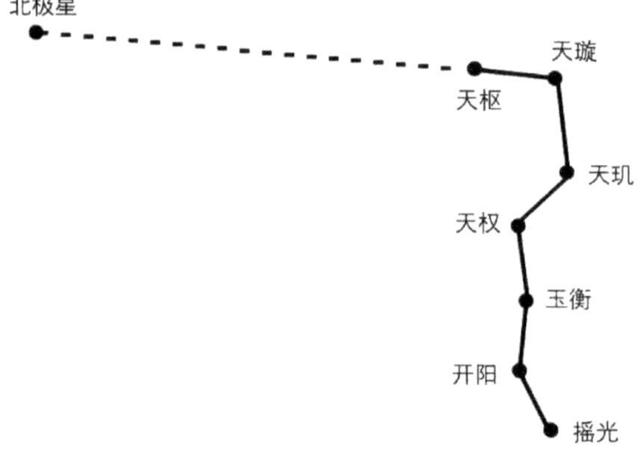

古人很重视北斗，因为可以利用它来辨方向，定季节。把天璇、天枢连成直线并延长约五倍的距离，就可以找到北极星，而北极星是北方的标志。北斗星在不同的季节和夜晚不同的时间，出现于天空不同的方位，人们看起来它在围绕着北极星转动，所以古人又根据初昏时斗柄所指的方向来决定季节：斗柄指东，天下皆春；斗柄指南，天下皆夏；斗柄指西，天下皆秋；斗柄指北，天下皆冬。

补订：

古代还以北斗喻人事。《史记·天官书》："北斗七星，所谓'旋、玑、玉衡以齐七政'。"《索隐》引《尚书大传》："七政，谓春、秋、冬、夏、天文、地理、人道，所以为政也。人道政而万事顺成。"

古人把北斗七星联系起来想象成为古代舀酒的斗形，如王维《大同殿柱产玉芝龙池上有庆云神光照殿百官共睹圣恩便赐宴乐敢书即事》："陌上尧樽倾北斗，楼前舜乐动南薰。"李白《短歌行》："北斗酌美酒，劝龙各一觞。"曹唐《三年冬大礼五首》其二："不闻北斗倾尧酒，空觉南风入舜琴。"

北斗用以辨方向，诗中多有述及，如沈佺期《初达驩州》："搔首向南荒，拭泪看北斗。"杜甫《秋兴八首》其二："夔府孤城落日斜，每依北斗望京华。"《历历》："巫峡西江外，秦城北斗边。"《太岁日》："西江元下蜀，北斗故临秦。"韩愈《宿曾江口示侄孙湘二首》其一："仰视北斗高，不知路所归。"

十二次

现在说到十二次。

古人为了说明日月五星的运行和节气的变换，把黄道附近一周天按照由西向东的方向分为星纪、玄枵(xiāo)等十二个等份，叫作十二次。每次都有二十八宿中的某些星宿作为标志，例如星纪有斗牛两宿，玄枵有女虚危三宿，余皆仿此。但是十二次是等分的，而二十八宿的广狭不一，所以十二次各次的起讫界限不能和宿与宿的分界一致，换句话说，有些宿是跨属于相邻的两个次的。下表就说明了这种情况。

十二次	二十八宿
1.星纪	斗牛女
2.玄枵	女虚危
3.诹訾	危室壁奎
4.降娄	奎娄胃
5.大梁	胃昴毕
6.实沈	毕觜参井
7.鹑首	井鬼柳
8.鹑火	柳星张

此表是根据《汉书·律历志》作的，各次的名称、写法和顺序都根据《汉书·律历志》。

加有着重点的字是各次的主要星宿，这是参照《淮南子·天文训》。

十二次	二十八宿
9.鹑尾	张翼轸
10.寿星	轸角亢氐
11.大火	氐房心尾
12.析木	尾箕斗

外国古代把黄道南北各八度以内的空间叫作黄道带,认为这是日月和行星运行所经过的处所。他们也按照由西向东的方向把黄道带分为白羊、金牛等十二个等份,叫作黄道十二宫。其用意和我国古代的十二次相同,但起讫界限稍有差异,对照起来,大致如下表所示:

十二次	黄道十二宫
1.星纪	摩羯宫
2.玄枵	宝瓶宫
3.诹訾	双鱼宫
4.降娄	白羊宫
5.大梁	金牛宫
6.实沈	双子宫
7.鹑首	巨蟹宫
8.鹑火	狮子宫
9.鹑尾	室女宫
10.寿星	天秤宫
11.大火	天蝎宫
12.析木	人马宫

我国古代创立的十二次主要有两种用途:第一,用来指示一年四季太阳所在的位置,以说明节气的变换,例如说太阳在星纪中交冬至,在玄枵

中交大寒，等等；第二，用来说明岁星每年运行所到的位置，并据以纪年，例如说某年"岁在星纪"，次年"岁在玄枵"，等等。这两点，后面谈到历法时还要讨论。

有一件事值得提一提，上述十二次的名称大都和各自所属的星宿有关。例如大火，这里是次名，但在古代同时又是所属心宿的名称。又如鹑首、鹑火、鹑尾，其所以名鹑，显然和南方朱雀的星象有关，南方朱雀七宿正分属于这三次。《左传·僖公五年》"鹑火中"，孔疏说"鹑火之次正中于南方"，又说"鹑火星者谓柳星张也"，可以为证。

分野

下面谈谈分野。

《史记·天官书》说"天则有列宿，地则有州域"，可见古人是把天上的星宿和地上的州域联系起来看的。在春秋战国时代，人们根据地上的区域来划分天上的星宿，把天上的星宿分别指配于地上的州国，使它们互相对应，说某星是某国的分星，某某星宿是某某州国的分野。这种看法，便是所谓分野的观念。

也有反过来说某地是某某星宿的分野的，例如《汉书·地理志》："齐地，虚危之分野也。"

星宿的分野，一般按列国来分配，如表甲(根据《淮南子·天文训》作)；后来又按各州来分配，如表乙(根据《史记·天官书》作)。

表甲

宿	角亢	氐房心	尾箕	斗牛	女	虚危	室壁
国	郑	宋	宿	越	吴	齐	卫
宿	奎娄	胃昴毕	觜参	井鬼	柳星张	翼轸	
国	鲁	魏	赵	秦	周	楚	

表乙

宿	角亢氐	房心	尾箕	斗	牛女	虚危	室壁
州	兖州	豫州	幽州	江湖	扬州	青州	并州
宿	奎娄胃	昴毕	觜参	井鬼	柳星张	翼轸	
州	徐州	冀州	益州	雍州	三河	荆州	

补订：

《史记·天官书》："斗，江、湖。牵牛、婺女，扬州。"则表内"江湖"当为"江、湖"，"扬州"原作"杨州"。

星宿的分野也有以十二次为纲，配以列国的，如表丙所示（根据《周礼·保章氏》郑玄注作）：

表丙

次	国
1. 星纪	吴越
2. 玄枵	齐
3. 诹訾	卫
4. 降娄	鲁
5. 大梁	赵
6. 实沈	晋
7. 鹑首	秦
8. 鹑火	周
9. 鹑尾	楚
10. 寿星	郑
11. 大火	宋
12. 析木	燕

古人所以建立星宿的分野，主要是为了观察所谓"机祥"的天象，以占卜

地上所配州国的吉凶。例如《论衡·变虚篇》讲到荧惑守心的时候说："荧惑，天罚也；心，宋分野也。祸当君。"显而易见，这是一种迷信。但是古人对于星宿分野的具体分配既然有了一种传统的了解，那么古典作家作品在写到某个地区时连带写到和这个地区相配的星宿，就完全可以理解了。庾信《哀江南赋》说"以鹑首而赐秦，天何为而此醉"，王勃《滕王阁序》说"星分翼轸"，李白《蜀道难》说"扪参历井"，就是在分野的意义上提到这些星宿的。

补订：

建分野以观机祥吉凶。《周礼·保章氏》："保章氏掌天星，以志星辰日月之变动，以观天下之迁，辨其吉凶。以星土辨九州之地所封，封域皆有分星，以观妖祥。"

关于荧惑守心、祸当宋君的故事，《吕氏春秋》卷六记载：宋景公的时候，荧惑在心，景公十分忧虑，召见子韦询问此事，问："荧惑在心，这是什么征候？"子韦说："荧惑即天罚，心即宋国的分野，灾祸可能降临于您。虽然如此，可以移祸于宰相。"景公说："宰相参与治理国家，移祸于宰相，不吉祥。"子韦说："可以移祸于百姓。"景公说："百姓都没了，我做谁的君王呢？宁可自己死。"子韦说："可以移祸于年成。"景公说："年成不好，则百姓饥馑，百姓饥馑，就会饿死。作为人君，害死百姓，只顾自己生存，谁还拥护我呢？这是断绝我的命根，你不要再说了。"子韦再拜，说："我要祝贺您。天在高处，处理人间之事。您有三次至德之言，天必奖赏您三次。今晚荧惑将要徙三舍，您延年二十一岁。"这天晚上，荧惑果然徙三舍。

最后应该指出的是，古人的天文知识虽然已经相当丰富，但是由于科学水平和历史条件的限制，古代的天文学在很大的程度上是和宗教迷信的占星术相联系的。古人对于某些异乎寻常的天象还不能做出科学的解释，于是在崇敬天帝的思想基础上，把天象的变化和人间的祸福联系起来，认为天象的变化预示着人事的吉凶。例如日食，被认为对最高统治者不利，所以《左传·昭公十七年》说："日有食之，天子不举（不杀牲盛馔），伐鼓于社。"《礼记·昏义》也说："日蚀则天子素服而修六官之职。"这是把日食看成是上天对最高统治者的警告。又如彗星（一名孛星、欃枪）的出现，被认为是兵灾的凶象，所以史书上常有记载。甚至行星运行的情况也被认为是吉凶的预兆。例如岁星正常运行到某某星宿，则地上与之相配的州国就五谷昌盛，而荧惑运行到这一星宿，这个国家就要发生种种祸殃，等等。占星家还认为某某星主水旱，某某星主饥馑，某某星主疾疫，某某星主盗贼，注意它们的隐现出没和光色的变化而加以占验，这些就不一一叙述了。

安阳殷墟出土卜辞牛骨
上有"癸酉贞日夕又食"语

补订：

认为行星运行是吉凶的预兆，见于《史记·天官书》及《汉书·天文志》，其中说，木星与土星相遇，将出现内乱、饥荒，应避免战事，战则必败；与水星相遇，则需改换思想，变革政事；与火星相遇则天旱；与金星相遇则有凶灾。金星在木星南边，则与木星称为牝牡，则年成丰稔。金星在木星北边，年成或丰或歉。火星与水星相遇则为焠，与金星相遇则为铄，二者为丧，皆不可举事用兵，用兵则大败。火星与土星相遇则为忧，主庶卿，天下大饥，战则败亡，军败军困，举事大败。土星与水星相遇则有壅塞，或覆灭全军，其国不可举事；与金星相遇则为疾，国有内兵，亡地。如果三星相遇，其国外内有兵与丧，改立王公。如果四星相遇，其国兵丧并起，君子忧惕，小人流徙。如果五星相遇，则称为易行，有德则受庆，改立王者，尽有四方，子孙繁衍昌盛；无德则受殃，离其国家，灭其宗庙，百姓离去。五星皆大，其事也大；五星皆小，其事也小。

历法

第二章

日、月、年

古人经常观察到的天象是太阳的出没和月亮的盈亏，所以以昼夜交替的周期为一"日"，以月相变化的周期为一"月"（现代叫作朔望月）。至于"年"的概念，最初大约是由于庄稼成熟的物候而形成的，《说文》说："年，熟谷也。"如果说禾谷成熟的周期意味着寒来暑往的周期，那就是地球绕太阳一周的时间，现代叫作太阳年。

以朔望月为单位的历法是阴历，以太阳年为单位的历法是阳历。我国古代的历法不是纯阴历，而是阴阳合历。平年十二个月，有六个大月各三十天，六个小月各二十九天（这是因为月相变化的周期在二十九到三十天之间，现代测得是29.53日），全年总共354天。但是这个日数少于一个太阳年。《尚书·尧典》说"期三百有六旬有六日"，实际上四季循环的周期约为$365\frac{1}{4}$日，比十二个朔望月的日数约多$11\frac{1}{4}$日，积三年就相差一个月以上的时间，所以三年就要闰一个月，使历年的平均长度大约等于一个太阳年，并和自然季节大致调和配合。《尧典》说"以闰月定四时成岁"，就是这个意思。

注意:《尧典》这里说"岁",不说"年",这里用"岁"表示从今年某一节气(例如冬至)到明年同一节气之间的这一段时间,使之和"年"有分工,"年"表示从今年正月初一到明年正月初一之间的这一段时间。所以《周礼·春官·大史》说"正岁年以序事",岁年并举。

清　铜镀金圆盘日月星晷仪(德国科隆制造)

置闰

古人很重视置闰。《左传·文公六年》说："闰以正时，时以作事，事以厚生，生民之道于是乎在矣。"三年一闰还不够，五年要闰两次，所以《说文》说"五年再闰"。五年闰两次又多了些，后来规定十九年共闰七个月。从现有文献看，殷周时代已经置闰，闰月一般放在年终，称为"十三月"。当时置闰尚无定制，有时一年再闰，所以会有"十四月"。春秋时代就没有一年再闰的情况了。汉初在九月之后置闰，称为"后九月"，这是因为当时沿袭秦制，以十月为岁首，以九月为年终的缘故。上古也有年中置闰，如闰二月、闰六月之类。当闰而不闰叫作"失闰"。如何适当安插闰月，这是古代历法工作中的重要课题，这里没有必要叙述。

补订：

再闰的记载见于《左传》。

《春秋左传正义·襄公二十七年》

《传》："十一月，乙亥，朔，日有食之。辰在申，司历过也，再失闰矣。"

杜预注云：文公十一年三月甲子，至襄公二十七年共七十一岁，应有二十六闰。今据《长历》推得二十四闰，共计少两闰。

《春秋左传正义·襄公二十八年》

《经》："二十有八年，春，无冰。"

杜预注云：去年知其再失闰，一次置两闰以应天时。所以今年正月建子，得以无冰为灾而特别子以记载。

《汉书》所记秦及汉初闰月情况如下：

1.《汉书·高帝纪》："秦二年……后九月，怀王并吕臣、项羽军自将之。以沛公为砀郡长，封武安侯，将砀郡兵。以羽为鲁公，封长安侯。吕臣为司徒，其父吕青为令尹。""（汉）五年……后九月，徙诸侯子关中。治长乐宫。"

2.《汉书·文帝纪》："（高后八年）闰月己酉，（代王）入代邸。群臣从至。"（《资治通鉴》卷十三高后八年："后九月，己酉晦，代王至长安，舍代邸，群臣从至邸。"）

四季节气

一年分为春夏秋冬四时(季)，后来又按夏历正月、二月、三月等十二个月依次分为孟春、仲春、季春，孟夏、仲夏、季夏，孟秋、仲秋、季秋，孟冬、仲冬、季冬。这些名称，古人常用作相应的月份的代称。《楚辞·九章·哀郢》"民离散而相失兮，方仲春而东迁"，就是指夏历二月说的。但是在商代和西周前期，一年只分为春秋二时，所以后来称春秋就意味着一年。《庄子·逍遥游》："蟪蛄不知春秋。"意思是蟪蛄生命短促，不到一年。此外史官所记的史料在上古也称为春秋，这是因为"史之所记必表年以首事"。(见杜预《春秋序》。)后来历法日趋详密，由春秋二时再分出冬夏二时，所以有些古书所列的四时顺序不是"春夏秋

方，正当。仲春，旧历二月。东迁，向东迁徙。郢都失陷后，楚迁都于陈(今河南淮阳)，陈在楚东，所以说东迁。

蟪蛄，一名寒蝉。旧说，寒蝉春生夏死，夏生秋死，寿命不到一年，所以说不知春秋。

旧说春秋犹言四时(《诗经·鲁颂·閟宫》郑玄笺)，错举春秋以包春夏秋冬四时(杜预《春秋序》孔颖达《正义》)，似难置信。

冬"，而是"春秋冬夏"，这是值得注意的。

古人在长期的生产实践中逐步认识到季节更替和气候变化的规律，把周岁$365\frac{1}{4}$日平分为立春、雨水、惊蛰、春分、清明、谷雨等二十四个节气，以反映四季、气温、降雨、物候等方面的变化。这是我国古代劳动人民掌握农事季节的经验总结，对农业生产的发展贡献很大。二十四节气系统是我国旧历特有的重要组成部分，其名称和顺序是：

例如《墨子·天志中》"制为四时春秋冬夏，以纪纲之"，《管子·幼官图》"修春秋冬夏之常祭"，《礼记·孔子闲居》"天有四时，春秋冬夏"，等等。

每个节气估15.22日弱。后代根据太阳移动的速度，有的节气占14日多（冬至前后），有的节气占16日多（夏至前后）。

正月	立春雨水	二月	惊蛰春分	三月	清明谷雨
四月	立夏小满	五月	芒种夏至	六月	小暑大暑
七月	立秋处暑	八月	白露秋分	九月	寒露霜降
十月	立冬小雪	十一月	大雪冬至	十二月	小寒大寒

这是依照后代的顺序，名称和《淮南子·天文训》相同。惊蛰古名启蛰，汉代避景帝讳改名惊蛰。又，二十四节气和阴历月份的搭配不是绝对固定、年年一致的，因为节气跟太阳走，和朔望月没有关系。这里所列的是综合一般的情况。

　　古人最初把二十四节气细分为节气和中气两种。例如立春是正月节，雨水是正月中，惊蛰是二月节，春分是二月中，节气和中气相间，其余由此顺推。

　　由于一个节气加一个中气差不多是三十天半，大于一个朔望月，所以每月的节气和中气总要比上月推迟一两天，推迟到某月只有节气没有中气，后来就以这个月份置闰，所以古人说"闰月无中气"。阳历每月都有节气和中气，上半年每月六日和二十一日左右是交节日期，下半年每月八日和二十三日左右是交节日期。

清　山东潍坊杨家埠木版年画《打春牛》

二十四节气是根据太阳在黄道上不同的视位置定的。前面讲天文时说过，古人把黄道附近一周天平分为星纪、玄枵等十二次，太阳运行到某次就交某某节气。

实际上二十四个节气是表示地球在围绕太阳公转的轨道上的二十四个不同的位置。

试以《汉书·律历志》所载的即二千多年前的天象为例。太阳运行到星纪初点交大雪，运行到星纪中央交冬至，运行到玄枵初点交小寒，运行到玄枵中央交大寒，等等。下表就说明了这种情况。

太阳视位置（日躔星次）	星	纪	玄	枵	娵	訾	降	娄	大	梁	实	沈
	初	中	初	中	初	中	初	中	初	中	初	中
节气	大雪	冬至	小寒	大寒	立春	惊蛰	雨水	春分	谷雨	清明	立夏	小满
太阳视位置（日躔星次）	鹑	首	鹑	火	鹑	尾	寿	星	大	火	析	木
	初	中	初	中	初	中	初	中	初	中	初	中
节气	芒种	夏至	小暑	大暑	立秋	处暑	白露	秋分	寒露	霜降	立冬	小雪

注：太阳运行叫作躔（chán）

这表是根据《汉书·律历志》的顺序排的，惊蛰在雨水之前，清明在谷雨之后，和后代不同。《汉书·律历志》并指出交某节气时太阳所在的星宿及其度数，如冬至日在牵牛初度，即摩羯座β星附近。现代天象和古代不同，现在的冬至点在人马座（相当于古代的析木）。

二十四节气系统是逐步完备起来的。古人很早就掌握了二分二至这四个最重要的节气：《尚书·尧典》把春分叫作日中，秋分叫作宵中，《吕氏春秋》统名之曰日夜分，因为这两天昼夜长短相等；《尧典》把夏至叫作日永，冬至叫作日短，因为夏至白天最长，冬至白天最短，所以《吕氏春秋》分别叫作日长至、日短至。《左传·僖公五年》说"凡分至启闭必书云物"，分指春分秋分，至指夏至冬至，启指立春立夏，闭指立秋立冬。(据杜预注。)《吕氏春秋》则明确提到立春、立夏、立秋、立冬四个节气。到《淮南子》我们就见到和后世完全相同的二十四节气的名称了。

《孟子》统名之曰日至。《孟子·告子上》"今夫麰麦，播种而耰之，其地同，树之时又同，浡然而生，至于日至之时皆熟矣"，这指夏至而言；《孟子·离娄下》"天之高也，星辰之远也，苟求其故，千岁之日至可坐而致也"，旧说指冬至而言。《左传》又称冬至为日南至。

江苏仪征东汉铜圭表

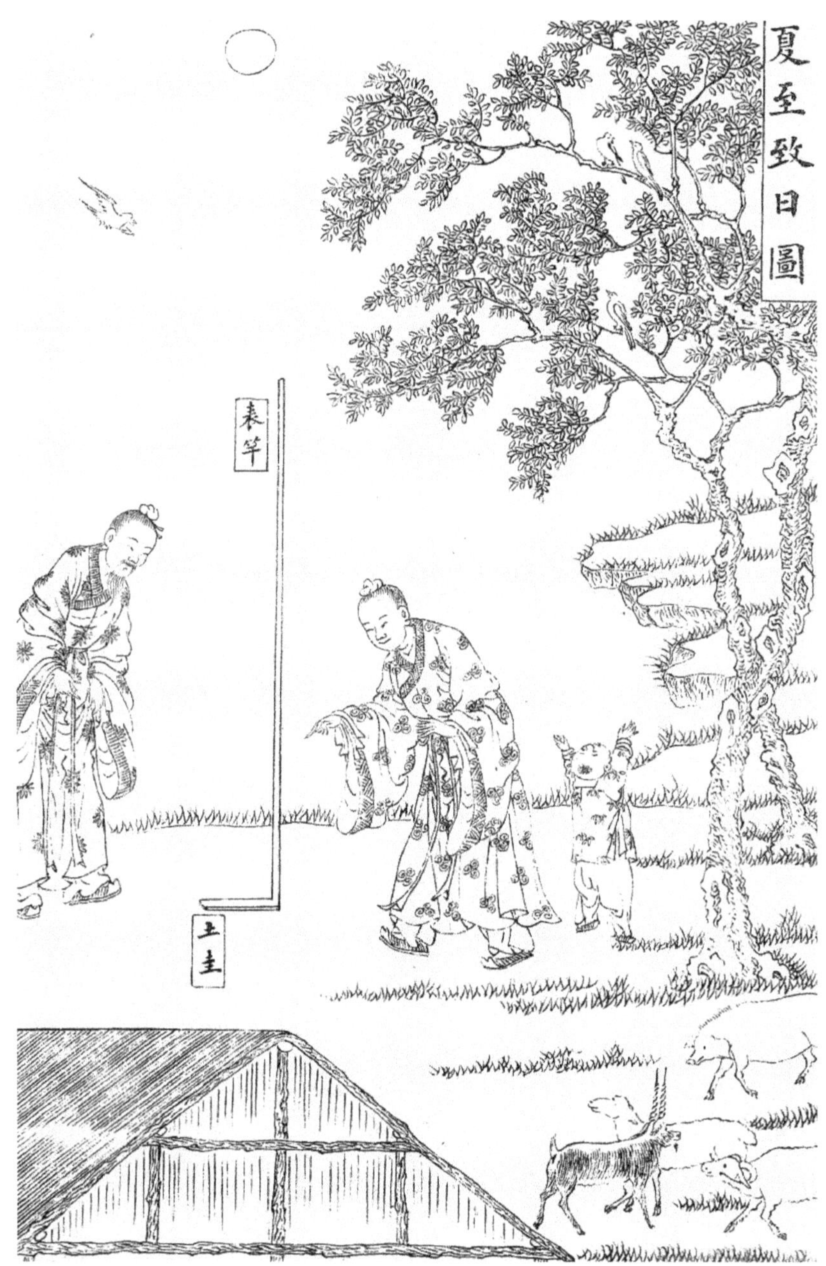

清 《钦定书经图说》卷一《夏至致日图》

干支

我们阅读古书，有必要了解古人记录时间的法则，下面就古代的纪日法(包括一天之内的记时法)、纪月法和纪年法分别加以叙述。

古人用干支纪日，例如《左传·隐公元年》"五月辛丑，大叔出奔共"。干是天干，即甲、乙、丙、丁、戊、己、庚、辛、壬、癸；支是地支，即子、丑、寅、卯、辰、巳、午、未、申、酉、戌、亥。十干和十二支依次组合为六十单位，称为六十甲子：

甲子	乙丑	丙寅	丁卯	戊辰
己巳	庚午	辛未	壬申	癸酉
甲戌	乙亥	丙子	丁丑	戊寅
己卯	庚辰	辛巳	壬午	癸未
甲申	乙酉	丙戌	丁亥	戊子
己丑	庚寅	辛卯	壬辰	癸巳
甲午	乙未	丙申	丁酉	戊戌
己亥	庚子	辛丑	壬寅	癸卯
甲辰	乙巳	丙午	丁未	戊申
己酉	庚戌	辛亥	壬子	癸丑
甲寅	乙卯	丙辰	丁巳	戊午
己未	庚申	辛酉	壬戌	癸亥

干支的组合是天干的单数配地支的单数，天干的双数配地支的双数，所以不可能有"甲丑""乙寅"之类。

每个单位代表一天，假设某日为甲子日，则甲子以后的日子依次顺推为乙丑、丙寅、丁卯等；甲子以前的日子依次逆推为癸亥、壬戌、辛酉等。六十甲子周而复始，这种纪日法远在甲骨文时代就已经有了。

古人纪日有时只记天干不记地支，例如《楚辞·九章·哀郢》："出国门而轸怀兮，甲之鼂(cháo)吾以行。"这种情况在甲骨文时代也已经有了。用地支纪日比较后起，大多限于特定的日子如"子卯不乐"(《礼记·檀弓》)、"三月上巳"之类。

国，指国都郢。轸，悲痛。怀，怀念。甲，甲日那一天。鼂，通"朝"，早晨。

从一个月来说，有些日子在古代有特定的名称。每月的第一天叫作朔，最后一天叫作晦。所以《庄子》说"朝菌不知晦朔"。初三叫作朏(fěi)，大月十六、小月十五叫作望，鲍照诗"三五二八时，千里与君同"(见《玩月城西门廨中》)，就是指望日的明月说的。近在望后的日子叫作既望。

朝菌，一种生长期很短的菌类植物，朝生暮死，所以叫朝菌。

所以苏轼《前赤壁赋》说："壬戌之秋，七月既望。"朔晦两天，一般既称干支又称朔晦，例如《左传·僖公五年》"冬十二月丙子朔，晋灭虢，虢公丑奔京师"，《左传·襄公十八年》"十月……丙寅晦，齐师夜遁"。其他日子一般就只记干支，但是人们可以根据当月朔日的干支推知它是这个月的第几天。例如《左传·隐公元年》"五月辛丑,大叔出奔共",根据后人推定的春秋长历可以知道辛丑是鲁隐公元年(公元前722)五月二十三日。

西周初期有一种特别的纪日法,即把一个月分为四份,类似现代的周(星期),每份都有一个特定的名称,"既望"就是其中之一。这种纪日法后来没有使用,这里不细说。

《尚书》朏日也是既称干支又称朏,例如《毕命》:"惟十有二年六月庚午朏",这种情况在一般古书中很少见。

附带说一说,根据历谱中干支的日序,甚至可以推断出古书的错误来。《春秋·襄公二十八年》说:"十有二月甲寅,天王崩。乙未,楚子昭卒。"从甲寅到乙未共四十二天,不可能同在一个月之内,可见这里必有错误。

下面谈谈一天之内的记时法。

古人主要根据天色把一昼夜分为若干时段。一般地说,日出时叫作旦、早、朝、晨,日入时叫作夕、暮、昏、晚。所以古书上常常见到朝夕并举,旦暮并举,晨昏并举,昏旦并举,等等。太阳正中时

古代夕又当夜讲,通作"昔"。《庄子·天运》:"蚊虻噆(zǎn)肤,则通昔不寐矣。"《说文》:"晚,暮也。"

叫作日中，将近日中的时间叫作隅中，太阳西斜叫作昃(zè)。了解到这一点，对于古书上所说的"自朝至于日中昃不遑暇食"(《尚书·无逸》)这一类记录时间的话就了解得更加具体了。

古人一日两餐，朝食在日出之后、隅中之前，这段时间就叫作食时或蚤食；夕食在日昃之后、日入之前，这段时间就叫作晡(餔)时。日入以后是黄昏，黄昏以后是人定。《孔雀东南飞》"奄奄黄昏后，寂寂人定初"，可以看成为古代对这两个时段之间的确切描绘。人定以后就是夜半了。

补订：

《左传·成公二年》："齐侯曰：'余姑翦灭此而朝食。'"谓消灭敌人，再吃早饭。

《史记·淮阴侯列传》记载，韩信为布衣时，常寄食于下乡南昌亭长家。数月之后，亭长之妻厌弃韩信，"晨炊蓐食"(一大早把饭做好，在床上就把饭吃了)，吃饭时间韩信去时，不给他饭吃。

《诗经》："女曰鸡鸣，士曰昧旦。"(《诗经·郑风·女曰鸡鸣》)鸡鸣和昧旦是夜半以后先后相继的两个时段。昧旦又叫昧爽，这是天将亮的时间。此外古书上又常常提到平旦、平明，这是天亮的时间。

古人对于一昼夜有等分的时辰概念之后，用十二地支表示十二个时

辰，每个时辰恰好等于现代的两
小时。和现代的时间对照，夜半
十二点（即二十四点）是子时（所以
说子夜），上午两点是丑时，四点

是寅时，六点是卯时，其余由此顺推。近代又把每个时辰细分为初、正。
晚上十一点（即二十三点）为子初，夜半十二点为子正；上午一点为丑初，上
午两点为丑正，等等。这就等于把一昼夜分为二十四小时了。列表对照
如下：

	子	丑	寅	卯	辰	巳
初	23	1	3	5	7	9
正	24	2	4	6	8	10
	午	未	申	酉	戌	亥
初	11	13	15	17	19	21
正	12	14	16	18	20	22

月建

古人纪月通常以序数为记，如一月、二月、三月，等等；作为岁首的月份叫作正（zhēng）月。在先秦时代每个月似乎还有特定的名称，例如正月为孟陬（《楚辞》），四月为除（《诗经》），九月为玄（《国语》），十月为阳（《诗经》），等等。

秦避始皇讳，改正月为端月。但是秦以十月为岁首，下文还要谈到。又《诗经·小雅·正月》："正月繁霜，我心忧伤。"这里的正月指夏历四月（《毛传》），不是作为岁首的正月。

补订：

《尔雅·释天》："正月为陬，二月为如，三月为寎，四月为余，五月为皋，六月为且，七月为相，八月为壮，九月为玄，十月为阳，十一月为辜，十二月为涂。月名。"

《楚辞·离骚》："摄提贞于孟陬兮，惟庚寅吾以降。"王逸注："孟，始也。

正月为陬。”

　　《诗经·小雅·小明》：“日月方除。”《毛传》：“除,除陈生新也。”《郑笺》：“四月为除。”

　　《国语·越语》：“至于玄月,王召范蠡而问焉。”

　　《诗经·小雅·采薇》：“岁亦阳止。”《杕(dì)杜》：“日月阳止。”《毛传》：“阳,历阳月也。”《郑笺》：“十月为阳。”

　　古人又有所谓“月建”的观念,就是把子丑寅卯等十二支和十二个月份相配,以通常冬至所在的十一月(夏历)配子,称为建子之月,由此顺推,十二月为建丑之月,正月为建寅之月,二月为建卯之月,直到十月为建亥之月,如此周而复始。至于以天干配合着地支来纪月,则是后起的事。

　　庾信《哀江南赋·序》：“粤以戊辰之年,建亥之月,大盗移国,金陵瓦解。”

　　粤,句首语气词。以,介词,在这里相当于“于”。戊辰之年,梁武帝太清二年(548)。建亥之月,阴历十月。大盗指侯景。侯景原先在魏做官,后降梁。太清二年八月反,先攻进金陵,又攻陷台城(梁的宫城),梁武帝被逼饿死。立简文帝。后又逼简文帝禅位于豫章王萧栋而杀简文帝。不久,又废萧栋,自立为帝。移国,等于说篡国。瓦解,比喻崩溃。

　　《说文》对于十二支各字的解释就是联系着月份的。前人把"建"解释为"斗建"，意思是斗柄所指，认为十二支代表北斗星斗柄所指的十二个不同的方位，例如以子为北，午为南，卯为东，酉为西，等等。十一月斗柄指北，所以为建子之月，以后斗柄每月移指一个方位，十二个月周而复始，这种说法在过去很普遍。南北朝的天文学家祖冲之、清朝的天文学家梅文鼎都指出月建和斗柄所指的方位没有关系。

星岁纪年

　　我国古代最早的纪年法是按照王公即位的年次纪年，例如公元前770年记为周平王元年、秦襄公八年等，以元、二、三的序数递记，直到旧君出位为止。汉武帝开始用年号纪元，例如建元元年、元光三年，也是以元、二、三的序数递记，更换年号就重新纪元。这两种纪年法是过去史家所用的传统纪年法。战国时代，天文占星家根据天象纪年，有所谓星岁纪年法，星指岁星，岁指太岁。下面分别叙述。

　　先说岁星纪年法。前面讲天文时说过，古人把黄道附近一周天分为十二等份，由西向东命名为星纪、玄枵等十二次。古人认为岁星由西向东十二年绕天一周，每年行经一个星次。假如某年岁星运行到星纪范围，这一年就记为"岁在星纪"，第二年岁星运行到玄枵范围，就记为"岁在玄枵"，其余由此类推，十二年周而复始。《左传·襄公三十年》："于

事实上，岁星并不是十二年绕天一周，而是11.8622年绕天一周，每年移动的范围比一个星次稍微多一点，渐积至八十六年，便多走过一个星次，这叫作"超辰"。

有人认为《左传》《国语》里的岁星纪年出自刘歆伪托，并不反映当时的实际天象。

子蟜之卒也，将葬，公孙挥与裨灶晨会事焉。过伯有氏，其门上生莠。子
羽曰：'其莠犹在乎?' 于是岁在降娄。"《国语·晋语四》"君之行也，岁在大
火"，就是用岁星纪年的例子。

补订：

《左传·襄公二十八年》："岁在星纪，而淫于玄枵。"杜预注："岁，岁星
也。星纪在丑，斗牛之次。玄枵在子，虚危之次。十八年，晋董叔曰：天道
多在西北。是岁，岁星在亥。至此年十一岁，故在星纪。……今已在玄
枵，淫行失次。"

《国语》卷三："昔武王伐殷，岁在鹑火。"卷十："文公在狄十二年。"韦
昭注："文公，晋献公庶子重耳，避骊姬之难，鲁僖五年，岁在大火，自蒲奔
狄，至十六年，岁在寿星，故在狄十二年。"

僧肇《般若无知论》："弘始三年，岁次星纪，秦乘入国之谋，举师以来

唐　梁令瓒《五星二十八宿神形图》岁星、荧惑

之。"高僧鸠摩罗什在后凉居留积年，后秦弘始三年（401），姚兴遣陇西公硕德西伐后凉吕隆，吕隆军败，上表归降。姚兴迎鸠摩罗什入关，这年十二月二十日，鸠摩罗什来到长安。《般若无知论》即言此事，事见慧皎《高僧传》卷二《鸠摩罗什传》。

王羲之《兰亭集序》："永和九年，岁在癸丑，暮春之初，会于会稽山阴之兰亭，修禊事也。"

再说太岁纪年法。古人有所谓十二辰的概念，就是把黄道附近一周天的十二等份由东向西配以子丑寅卯等十二支，其安排的方向和顺序正好和十二次相反。二者对照如下表：

十二次 （由西向东）	星纪	玄枵	诹訾	降娄	大梁	实沈
十二辰 （由东向西）	丑	子	亥	戌	酉	申
十二次 （由西向东）	鹑首	鹑火	鹑尾	寿星	大火	析木
十二辰 （由东向西）	未	午	巳	辰	卯	寅

岁星由西向东运行，和人们所熟悉的十二辰的方向和顺序正好相反，所以岁星纪年法在实际生活中应用起来并不方便。为此，古代天文占星家便设想出一个假岁星叫作太岁，让它和真岁星"背道而驰"，这样就和十二辰的方向顺序相一致，并用它来纪年。根据《汉书·天文志》所载战国时代的天象记录，某年岁星在星纪，太岁便在析木（寅），这一年就是"太岁在寅"；第二年岁星运行到玄枵，太岁便运行到大火（卯），这一年就"太岁在卯"，其余由此类推，如下图所示：

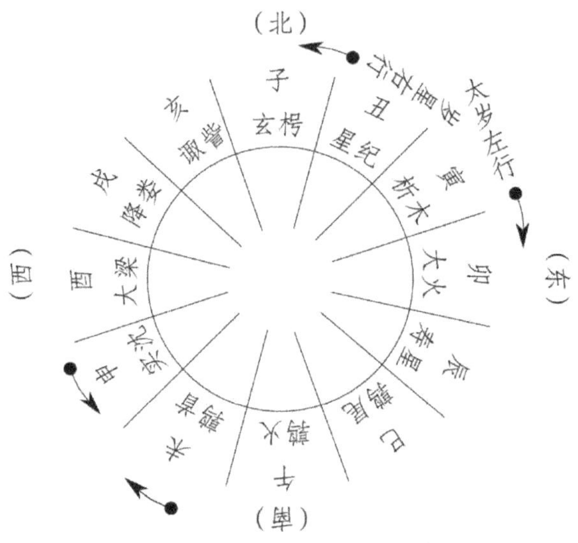

此外古人还取了摄提格、单阏（chán yān）等十二个太岁年名作为"太岁在寅""太岁在卯"等十二个年份的名称。屈原《离骚》："摄提贞于孟陬兮，惟庚寅吾以降。"一般认为这里的摄提就是作为太岁年名的摄提格，是说屈原出生于"太岁在寅"之年。孟陬指夏历正月建寅之月，庚寅是生日的干支。这样说来，屈原的生辰恰巧是寅年寅月寅日。

贞，当，正当。孟，始。陬，正月。孟陬，等于说孟春正月。惟，句首语气词。降，降生。

下面列表说明摄提格、单阏等十二个太岁年名和太岁所在、岁星所在的对应关系：

太岁年名	太岁所在	岁星所在
摄提格	寅（析木）	星纪（丑）
单阏	卯（大火）	玄枵（子）
执徐	辰（寿星）	诹訾（亥）
大荒落	巳（鹑尾）	降娄（戌）
敦牂（zāng）	午（鹑火）	大梁（酉）
协洽	未（鹑首）	实沈（申）
涒（tūn）滩	申（实沈）	鹑首（未）
作噩	酉（大梁）	鹑火（午）
阉（yān）茂	戌（降娄）	鹑尾（巳）
大渊献	亥（诹訾）	寿星（辰）
困敦	子（玄枵）	大火（卯）
赤奋若	丑（星纪）	析木（寅）

注：太岁年名的写法根据《尔雅·释天》。大荒落、协洽，《史记·天官书》作大荒骆、叶洽。作噩，《汉书·天文志》作作诺（è），《淮南子·天文训》《史记·历书》《天官书》作作鄂。阉茂，《史记·历书》作淹茂，《天官书》作阉茂，《汉书·天文志》作掩茂。

大概在西汉年间，历家又取了阏逢、旃（zhān）蒙等十个名称，叫作岁阳。依次和上述十二个太岁年名相配（配法和前述六十甲子相同），组合成为六十个年名，以阏逢摄提格为第一年，旃蒙单阏为第二年，其余由此类推，六十年周而复始。《史记·历书·历术甲子篇》自太初元年（公元前104）始，就用这些年名纪年。《尔雅·释天》载有十个岁阳和十干对应，列表如下：

岁阳	阏逢	旃蒙	柔兆	强圉	著雍	屠维	上章	重光	玄黓	昭阳
十干	甲	乙	丙	丁	戊	己	庚	辛	壬	癸

注：岁阳名称也根据《尔雅·释天》。《淮南子·天文训》与此基本相同。《史记·历书》所见十个岁阳的名称和顺序是：焉逢、端蒙、游兆、彊（qiáng）梧、徒维、祝犁、商横、昭阳、横艾、尚章。和《尔雅》有出入。

上文说过，十二个太岁年名和十二辰对应。为便于查阅，再作简表如下：

太岁年名	摄提格	单阏	执徐	大荒落	敦牂	协洽	涒滩	作噩	阉茂	大渊献	困敦	赤奋若
十二辰	寅	卯	辰	巳	午	未	申	酉	戌	亥	子	丑

所以如果用干支来更代，阏逢摄提格可以称为甲寅年，旃蒙单阏可以称为乙卯年，等等。这些年名创制之初是为了反映岁星逐年所在的方位的，但是后来发现岁星并不是每年整走一个星次，用它们来纪年并不能反映逐年的实际天象，所以就废而改用六十甲子纪年了。后世有人使用这些古年名纪年，那是根据当年的干支来对照的。例如司马光《资治通鉴》卷一百七十六《陈纪》十下注曰："起阏逢执徐，尽著雍涒滩，凡五年。"是说

从甲辰到戊申共五年。清初作家朱彝尊在《谒孔林赋》里写道："粤以屠维作噩之年，我来自东，至于仙源。"其实是说在己酉年。他的《曝书亭集》里的古今诗系年，也用这些年名。我们阅读古书，应该知道这种情况。

补订：

朱彝尊《曝书亭集》，共八十卷，包括古今诗二十二卷，古今诗编年排列，起自顺治二年(乙酉，1645)，止于康熙四十八年(己丑，1709)。古今诗一开头的编排为：

旃蒙作噩：村舍二首　夏墓荡二首　过丘生

柔兆阉茂：晓入郡城　悲歌　过吴大村居　漫感　暝　平陵东

强圉大渊献：捉人行　马草行　北邙山行　春晚过放鹤洲　雨后即事二首　野外　舟经震泽

著雍困敦：董逃行　五游篇　少年子　雀飞多　独不见　晚　题项叟圣谟画柳

姚宽《西溪丛语》自叙："绍兴昭阳作噩仲春望日，剡川姚宽令威识。"绍兴昭阳作噩即绍兴二十三年(癸酉，1153)。

干支纪年法一般认为兴自东汉。六十甲子周而复始，到现在没有中断。由此可以向上逆推，知道上古某年是什么干支。一般历史年表所记的西汉以前的逐年干支，是后人逆推附加上去的，这一点应该注意。

关于纪年法我们就说到这里。

有人认为在汉朝初年就开始用干支纪年，到了东汉元和二年(85)才用政府命令的形式，在全国范围内实行。

三正

最后谈谈"三正(zhēng)"的问题。

春秋战国时代有所谓夏历、殷历和周历，三者主要的区别在于岁首的月建不同，所以又叫作三正。周历以通常冬至所在的建子之月（即夏历的十一月）为岁首，殷历以建丑之月（即夏历的十二月）为岁首，夏历以建寅之月（即后世通常所说的阴历正月）为岁首。周历比殷历早一个月，比夏历早两个月。由于三正岁首的月建不同，四季也就随之而异。下表以月建为纲，说明三正之间月份和季节的对应：

月建	子	丑	寅	卯	辰	巳	午	未	申	酉	戌	亥
周历	正月	二月	三月	四月	五月	六月	七月	八月	九月	十月	十一月	十二月
	（春）			（夏）			（秋）			（冬）		
殷历	十二月	正月	二月	三月	四月	五月	六月	七月	八月	九月	十月	十一月
	（冬）		（春）			（夏）			（秋）			（冬）
夏历	十一月	十二月	正月	二月	三月	四月	五月	六月	七月	八月	九月	十月
	（冬）		（春）			（夏）			（秋）			（冬）

　　夏殷周三正是春秋战国时代不同地区所使用的不同的历日制度，我们阅读先秦古籍有必要了解三正的差异，因为先秦古籍所据以记时的历日制度并不统一。

　　举例来说，《春秋》和《孟子》多用周历，《楚辞》和《吕氏春秋》用夏历。

　　《孟子·离娄下》："岁十一月徒杠成，十二月舆梁成，民未病涉也。"阮元以为此用夏历，但是这一点学者间有争论。

　　《诗经》要看具体诗篇，例如《小雅·四月》用夏历，《豳风·七月》就是夏历和周历并用。

　　所以《四月》说"四月维夏，六月徂暑""秋日凄凄，百卉具腓""冬日烈烈，飘风发发"。

　　《七月》凡言"七月"等处是夏历，"一之日"等处是周历。

　　《春秋·成公八年》说"二月无冰"，史官把这一罕见的现象载入史册，显而易见，这是指周历二月即夏历十二月而言；如果是夏历二月，则已经"东风解冻"，无冰应是正常现象，无需大书特书了。又如《春秋·庄公七年》说"秋，大水，无麦苗"，这也指周历，周历秋季相当于夏历五六月，晚收的麦子和"五稼之苗"有可能被大水所"漂杀"，如果是夏历秋季，就很难索解了。由此可知《孟子·梁惠王上》所说的"七八月之间旱，则苗槁矣"也是用周历,周历七八月相当于夏历五六月,其时正是禾苗需要雨水的时候。根据同样的理由,我们相信《孟子·滕文公上》所说的"江汉以濯之,秋阳以暴之"的秋阳是指夏历五六月的炎日。在《春秋》和《左传》里,同一历史事实,《春秋》经文和《左传》所记的时月每有出入,甚至同属《左传》所记,而时月也互有异同,这可以从三正的差异中求得解释(文字错乱又当别论)。例如《春秋·隐公六年》说"冬,宋人取长葛";

《春秋·僖公五年》说"春,晋侯杀其世子申生",《左传》记此事于僖公四年十二月。可见《左传》所依据的史料有的是用夏历。

补订:

《春秋·桓公二年》:"二年春,王正月。"杨伯峻《春秋左传注》:"去年十二月二十五日丙寅冬至,此年建丑。"《春秋·桓公十二年》:"十有二年春正月。"杨伯峻《春秋左传注》:"去年十二月十五日戊午冬至,此年仍建丑。"《春秋·桓公十三年》:"十有三年春二月。"杨伯峻《春秋左传注》:"去年十二月二十六日癸亥冬至,又闰十二月,则此年实建寅。"则《春秋》桓公二年至十二年记事用殷历,十三年记事用夏历。

《春秋·僖公四年》:"四年春王正月。"杨伯峻《春秋左传注》:"去年十二月二十一日己酉冬至,建丑,有闰。自此以前,建丑之月为多。盖古人以土圭测日影以定冬至，冬至之月既定，于是以其翌月为明年正月，为功较易。其后历法较精，则建子之年渐多。"则《春秋》僖公四年以前多用殷历，此后多用周历。

《春秋·僖公五年》："五年春，晋侯杀其世子申生。"杨伯峻《春秋左传注》："此年正月初三甲寅冬至，建子。"此事《左传》记于僖公四年十二月。《左传·僖公四年》："十二月戊申，（申生）缢于新城。"杨伯峻《春秋左传注》："晋用夏正，据周正推之，当为周正明年二月之二十七日。"则本年《春秋》用周历，《左传》用夏历。

在战国秦汉之间有所谓"三正论"，认为夏正建寅、殷正建丑、周正建子是夏商周三代轮流更改正朔，说什么"王者始起"要"改正朔""易服色"等以表示"受命于天"，当然这并不可信。秦始皇统一中国后，改以建亥之月（即夏历的十月）为岁首，但是夏正比较适合农事季节，所以并不称十月为正月，不改正月（秦人叫端月）为四月，春夏秋冬和月份的搭配，完全和夏正相同。汉初沿袭秦制。《史记·魏其武安侯列传》载汉武帝元光五年（公元前130）十月杀灌夫，十二月晦杀魏其，接着说："其春，武安侯病，专呼服谢罪。使巫视鬼者视之，见魏其、灌夫共守，欲杀之。"司马迁不说"明春"，而说"其春"，就是因为当时以十月为岁首，当年的春天在当年的十二月之后的缘故。汉武帝元封七年（公元前104）改用太初历，以建寅之月为岁首，此后大约二千年间，除王莽和魏明帝时一度改用殷正，唐武后和肃宗时一度改用周正外，一般都是用的夏正。

补订：

《旧唐书·则天皇后纪》："载初元年春正月，神皇亲享明堂，大赦天下。依周制建子月为正月，改永昌元年十一月为载初元年正月，十二月为腊月，改旧正月为一月。"

《新唐书·肃宗纪》：上元二年九月，"去'上元'号，称元年，以十一月为岁首，月以斗所建辰为名"。宝应元年建巳月，"改元年为宝应元年，复以正月为岁首，建巳月为四月"。

节 日

附带谈谈一些节日。

由于风俗习惯的关系，一年有许多节日。下面把一些主要节日按月加以叙述。

元旦　这是正月初一日。

元旦即元日，元日又称正日、上日等。《荆楚岁时记》记载，元日庭前爆竹，以辟山臊恶鬼。据《神异经》，山臊在西方深山中，长尺余，犯人则病，畏爆竹声。《玉烛宝典》记载，元日造桃板挂在门上，称为仙木，百鬼畏之。

人日　这是正月初七日。据传说，正月一日为鸡，二日为狗，三日为猪，四日为羊，五日为牛，六日为马，七日为人。高适《人日寄杜二拾遗》(按即杜甫)："人日题诗寄草堂。"

《荆楚岁时记》记载，人日以七种菜为羹，剪彩为人形，或镂金箔为人形，贴于屏风，也可戴之头鬓。

《隋唐嘉话》卷上记载，诗人薛道衡，北朝人，致聘礼于陈，作《人日》诗云："入春才七日，离家已二年。"南朝人鄙夷地说："这是什么诗句？谁说这个北方人会作诗？"薛道衡又念诗云："人归落雁后，思发在花前。"南朝人这才回嗔作喜，高兴地说："真是名副其实的才士。"

上元（元月元宵）　正月十五日。旧俗以元夜张灯为戏，所以又叫灯节。朱淑贞《生查子》："去年元夜时，花市灯如昼。"

补订：

《荆楚岁时记》记载，上元之夕，迎紫姑神以卜诸事。刘敬叔《异苑》记

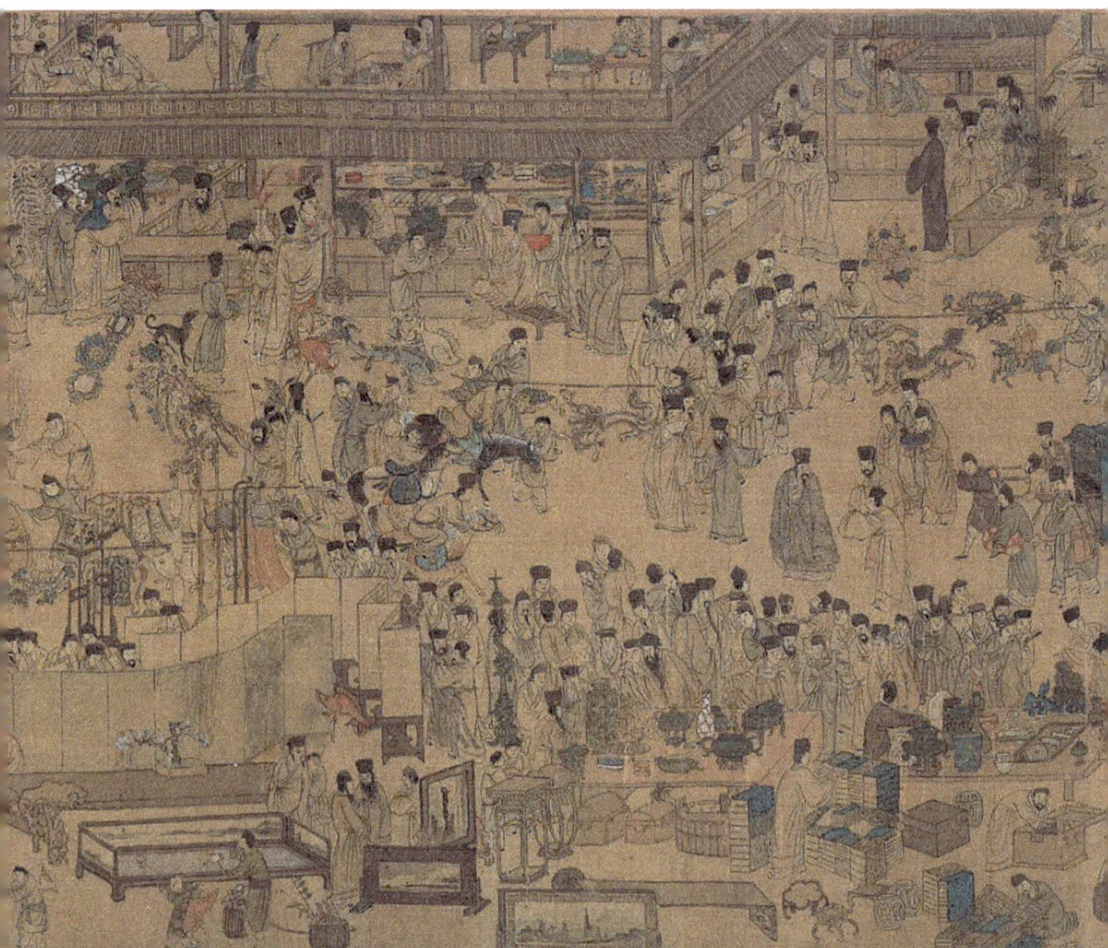

载，紫姑本是人家妾，为大妇斥逐，正月十五日感愤而死，故世人作其形于厕，迎之以卜诸事。李商隐《正月十五夜闻京有灯恨不得观》："月色灯光满帝都，香车宝辇隘通衢。身闲不睹中兴盛，羞逐乡人赛紫姑。"

《史记·乐书》记载，汉家祭祀太一，自晚上至天明。唐人于正月十五日夜游观灯，是其遗事。

《涅槃经》说："如来阇维讫，收舍利罂置金床上，天人散花奏乐，绕城步步燃灯十二里。"又《大唐西域记》卷第八记载，摩揭陀国，正月十五日，僧徒俗众云集，观佛舍利，或放光，或雨花。此为上元观灯的由来。

《大唐新语》卷十八记载，唐中宗神龙时，京城正月十五日，盛饰灯影

明　《上元灯彩图》（局部）

之会。金吾解除宵禁，特许夜行。官僚贵族，下及仆役工贾，无不夜游。车马骈阗，人不暇顾。王公贵主之家，马上作乐，以相夸竞。文士皆赋诗一章，以纪其事。作者数百人，惟中书侍郎苏味道、吏部员外郭利贞、殿中侍御史崔液三人为绝唱。苏味道诗云："火树银花合，星桥铁锁开。暗尘随马去，明月逐人来。游妓皆秾李，行歌尽落梅。金吾不禁夜，玉漏莫相催。"郭利贞曰："九陌连灯影，千门度月华。倾城出宝骑，匝路转香车。烂熳唯愁晓，周旋不问家。更逢清管发，处处落梅花。"崔液曰："今年春色胜常年，此夜风光正可怜。鸂鶒楼前新月满，凤凰台上宝灯燃。"

《生查子》"去年元夜时"一词见于朱淑贞《断肠词》，南宋曾慥所编《乐府雅词》作欧阳修词。

社日　农家祭社祈年的日子，立春后第五个戊日(在春分前后)。杜甫《遭田夫泥饮美严中丞》："田翁逼社日，邀我尝春酒。"王驾《社日》诗："桑

柘（zhè）影斜春社散，家家扶得醉人归。"这是春社。又，立秋后第五个戊日
为秋社，在秋分前后。

补订：

杜牧《江楼晚望》："初语燕雏知社日，习飞鹰隼识秋风。"皇甫冉《秋日
东郊作》："燕知社日辞巢去，菊为重阳冒雨开。"刘禹锡《秋日送客至潜水
驿》："枫林社日鼓，茅屋午时鸡。"这是秋社。

《东京梦华录》卷八记载，八月秋社，各以社糕、社酒相赍送，贵戚宫院
以猪羊肉、腰子、奶房、肚肺、鸭饼、瓜姜之属，切作棋子片样，滋味调和，铺
于饭上，谓之"社饭"，请客供养。

明　　张翀《春社图卷》（局部）

寒食　清明前二日。《荆楚岁时记》说，冬至后一百五日，谓之寒食，禁火三日。因此，有人以"一百五"为寒食的代称。温庭筠《寒食节日寄楚望》诗："时当一百五。"但依照旧法推算，清明前二日不一定是一百五日，有时是一百六日。所以元稹《连昌宫词》说："初过寒食一百六，店舍无烟宫树绿。"

《琴操》记载，晋文公与介子推一起流亡国外，子推割腕股以食文公。后文公复国，诸人受赏，子推独无所得，于是作龙蛇之歌，隐于山中。文公

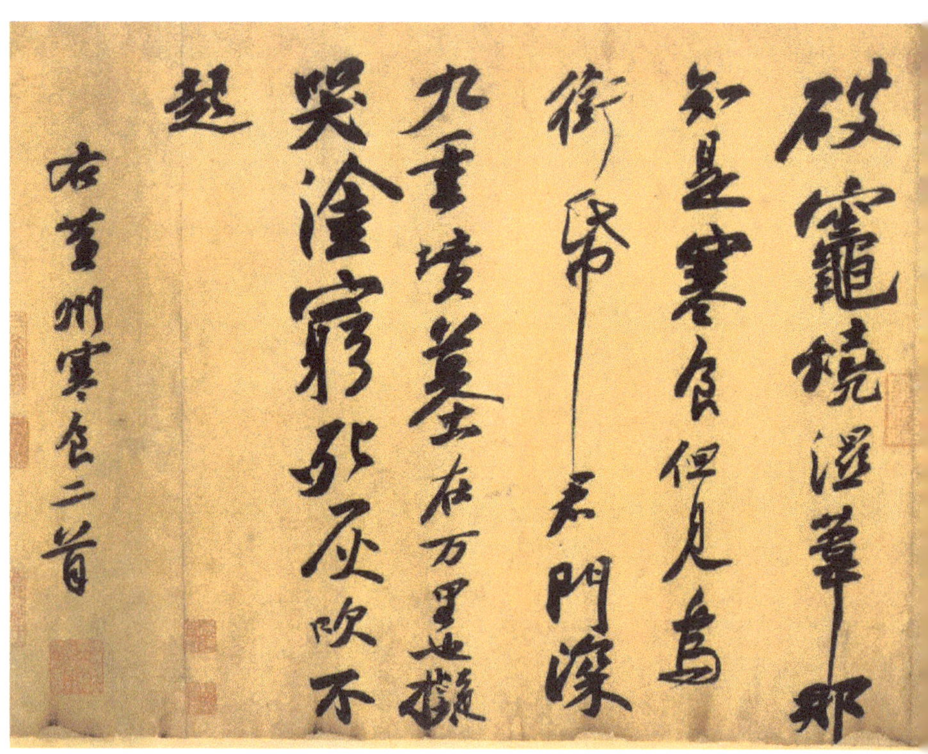

恳求子推出山，子推不肯出，于是文公烧山，欲逼出子推。怎奈子推坚执不回，竟抱木而死。文公哀悼子推，令百姓五月五日不得举火。

陆翙《邺中记》记载，并州风俗，冬至后百五日，为介子推断火，冷食三日，作干粥。又记载，寒食三日醴酪，又煮粳米及麦为酪，捣杏仁煮作粥。又《玉烛宝典》记载，寒食悉为大麦粥，研杏仁为酪，引饧(xíng)沃之。沈佺期《岭表逢寒食》："岭外逢寒食，春来不见饧。洛阳新甲子，何日是清明。花柳争朝发，轩车满路迎。帝乡遥可念，肠断报亲情。"

寒食之后二日为清明，清明用新火。颁赐新火，由来已久。宋敏求

宋　苏轼《寒食帖》

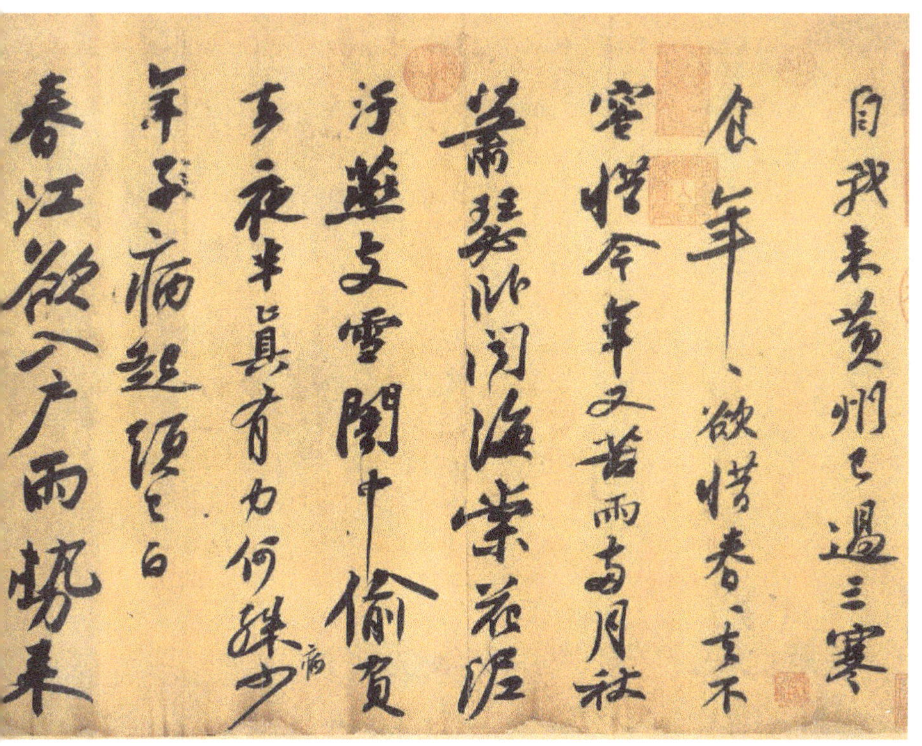

《春明退朝录》卷中说："《周礼》，四时变国火，谓春取榆柳之火，夏取枣杏之火，季夏取桑柘之火，秋取柞楢之火，冬取槐檀之火。而唐时，惟清明取榆柳火以赐近臣戚里，本朝因之。"唐寒食诗中也有言颁赐新火的，韩翃《寒食即事》："春城无处不飞花，寒食东风御柳斜。日暮汉宫传蜡烛，轻烟散入五侯家。"

苏轼《寒食帖》，又名《黄州寒食诗帖》或《黄州寒食帖》。苏轼贬黄州第三年的寒食，作五言诗二首，撰诗并书。诗云：

自我来黄州，已过三寒食。年年欲惜春，春去不容惜。今年又苦雨，两月秋萧瑟。卧闻海棠花，泥污燕支雪。暗中偷负去，夜半真有力。何殊病少年，病起头已白。

春江欲入户，雨势来不已。小屋如渔舟，濛濛水云里。空庖煮寒菜，破灶烧湿苇。那知是寒食，但见乌衔纸。君门深九重，坟墓在万里。也拟哭途穷，死灰吹不起。

清明　就是清明节。古人常常把清明和寒食联系起来。杜牧《清明》诗："清明时节雨纷纷。"

补订：

《东京梦华录》卷七："清明节，寻常京师以冬至后一百五日为大寒食，

宋　张择端《清明上河图》（局部）

前一日谓之炊熟，用面造枣锢飞燕，柳条串之，插于门楣，谓之子推燕。子女及笄者，多以是日上头。寒食第三日，即清明节矣。凡新坟皆用此日拜扫。都城人出郊。禁中前半月，发宫人车马朝陵，宗室南班近亲，亦分遣诣诸陵坟享祀。从人皆紫衫，白绢三角子青行缠，皆系官给。节日，亦禁中出车马，诣奉先寺道者院，祀诸宫人坟，莫非金装绀阖，锦额珠帘，绣扇双遮，纱笼前导。士庶阗塞，诸门纸马铺，皆于当街，用纸衮叠成楼阁之状。四野如市，往往就芳树之下，或园囿之间，罗列杯盘，互相劝酬。都城之歌儿舞女，遍满园亭，抵暮而归。各携枣锢、炊饼、黄胖、掉刀、名花、异果、山亭、戏具、鸭卵、鸡雏，谓之门外土仪。轿子即以杨柳杂花装簇顶上，四垂遮映。自此三日，皆出城上坟，但一百五日最盛。节日，坊市卖稠饧、麦糕、乳酪、乳饼之类。缓入都门，斜阳御柳，醉归院落，明月梨花。诸军

宋　李公麟《丽人行图》

禁卫，各成队伍，跨马作乐四出，谓之摔脚。其旗旌鲜明，军容雄壮，人马精锐，又别为一景也。"

花朝　二月十二日为花朝，又叫百花生日。

上巳　原定为三月上旬的一个巳日（所以叫上巳），旧俗以此日临水祓除不祥，叫作修禊。但是自曹魏以后，把节日固定为三月三日。后来变成了水边饮宴、郊外游春的节日。杜甫《丽人行》："三月三日天气新，长安水边多丽人。"

补订：

《初学记》卷四引《韩诗章句》说：郑国习俗，上巳溱洧两水之上，秉兰被除。司马彪《续汉书·礼仪志》记载：三月上巳，官民并禊饮于东流水上。

《荆楚岁时记》记载：三月三日，土人并出水渚，为流杯曲水之饮。

《晋书·王羲之传》记载，王羲之居会稽，会稽有佳山水，名士多居此。时会上巳，王羲之与同志孙绰、谢安、支遁等四十一人宴集于会稽山阴之兰亭，诸人皆有诗作，羲之自为之序以申其志。文云：

补订：

永和九年，岁在癸丑，暮春之初，会于会稽山阴之兰亭，修禊事也。群贤毕至，少长咸集。此地有崇山峻岭，茂林修竹，又有清流激湍，映带左右，引以为流觞曲水，列坐其次。虽无丝竹管弦之盛，一觞一咏，亦足以畅叙幽情。

东晋　王羲之《兰亭集序》（唐代冯承素摹本，局部）

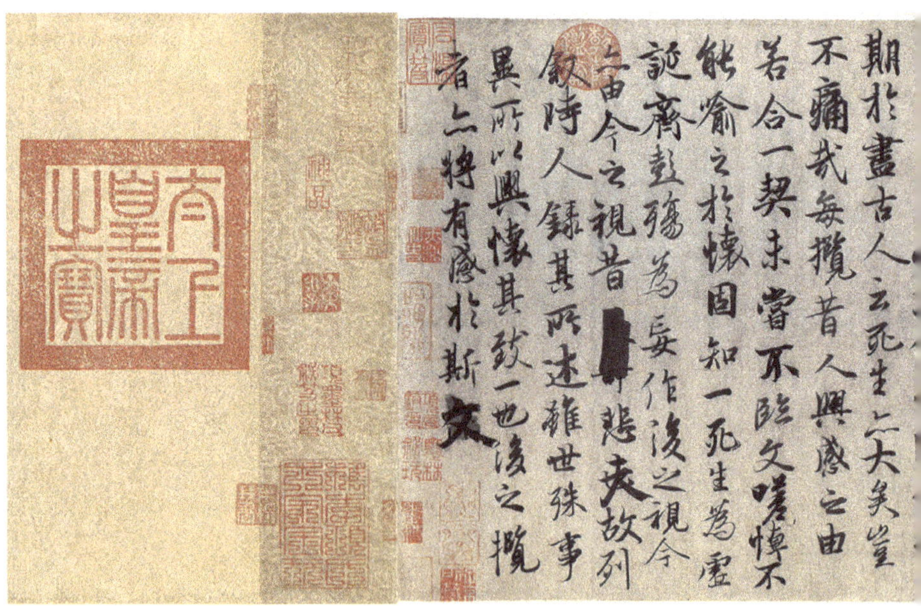

是日也，天朗气清，惠风和畅。仰观宇宙之大，俯察品类之盛，所以游目骋怀，足以极视听之娱，信可乐也。

夫人之相与，俯仰一世，或取诸怀抱，悟言一室之内，或因寄所托，放浪形骸之外。虽趣舍万殊，静躁不同，当其欣于所遇，暂得于己，快然自足，不知老之将至。及其所之既倦，情随事迁，感慨系之矣。向之所欣，俯仰之间，已为陈迹，犹不能不以之兴怀。况修短随化，终期于尽。古人云，死生亦大矣，岂不痛哉！

每览昔人兴感之由，若合一契，未尝不临文嗟悼，不能喻之于怀。固知一死生为虚诞，齐彭殇为妄作。后之视今，亦犹今之视昔，悲夫！故列叙时人，录其所述，虽世殊事异，所以兴怀，其致一也。后之览者，亦将有感于斯文。

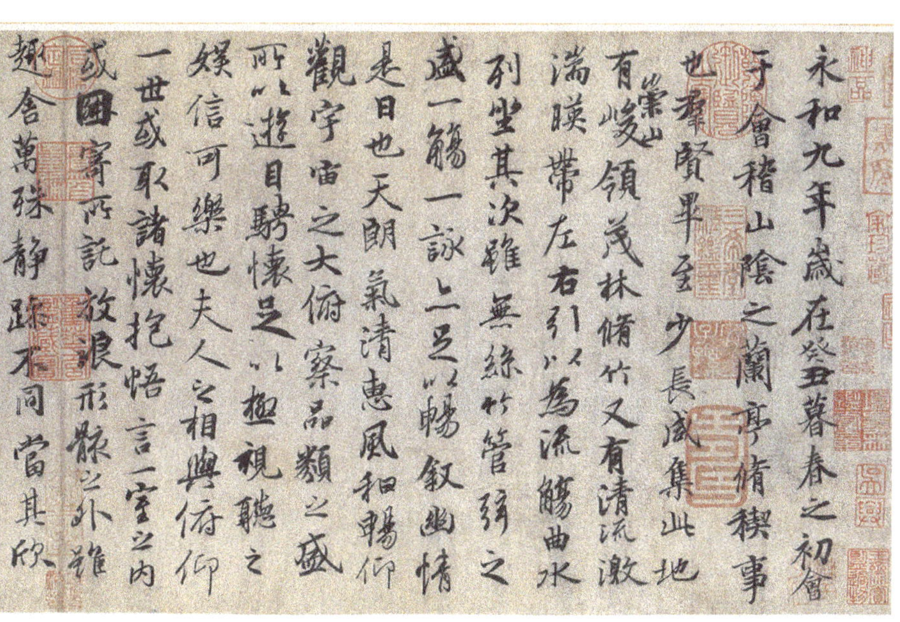

明　唐寅《兰亭修禊图》

浴佛节　传说四月初八日是释迦牟尼的生日。《荆楚岁时记》说，荆楚以四月八日诸寺香汤浴佛，共作龙华会。《洛阳伽(qié)蓝记·法云寺》："四月初八日，京师士女，多至河间寺。"

补订：

据说佛于周昭王二十四年(公元前1027)四月八日降生，周历以十一月为正，周历四月八日为夏历二月八日，所以《荆楚岁时记》又记载："二月八日，释氏下生之日，迦文成道之时，信舍之家，建八关斋戒，车轮宝盖，七变八会之灯，平旦执香花绕城一匝。谓之行城。"

《荆楚岁时记》记载："四月八日，诸寺设斋，以五色香水浴佛，共作龙华会。"

《东京梦华录》卷八记载："四月八日，佛生日，(京师)十大禅院，各有浴佛斋会，煎香药糖水相遗，名曰浴佛水。"

端午(端阳)　五月初五日。《荆楚岁时记》说，屈原在五月五日投江，人们在这一天竞渡，表示要拯救屈原。(后来又把船做成龙形，叫龙舟竞渡。)关于端午节的传说很多。唐代以后，端午节被规定为大节日，常有赏赐。杜甫《端午日赐衣》："端午被恩荣。"

唐　李昭道《龙舟竞渡图》

补订：

《续齐谐记》记载，屈原五月五日投汨罗江而死，楚人哀怜，每到这一天，竹筒贮米，投水祭之，汉建武年间，长沙人欧回，白日忽见一人，自称三闾大夫，对他说："你的祭祀做得很好，但以前馈赠之物，总被蛟龙窃取，今如有馈赠，可用楝树叶塞在上面，以五彩丝捆缚，此二物蛟龙所忌惮。"欧回依其所嘱。世人作粽，并带五色丝及楝叶，都是汨罗的遗风。

《荆楚岁时记》记载，五月五日，谓之浴兰节，四民并蹋百草之戏，采艾以为人，悬门户上，以禳毒气。又谓之端午，蹋百草，即今人斗百草之戏。又记载，屈原于五月五日死于汨罗，人伤其死，所以并命将舟楫以拯救之，今之竞渡，是其遗迹。

伏日　夏至后第三个庚日叫初伏，第四个庚日叫中伏，立秋后第一个庚日叫终伏（末伏），总称为三伏。据说伏是隐伏避盛暑的意思。（此据《史记·秦本纪》"二年初伏"张守节《正义》。）伏日祭祀，所以也是一个大节日。一般所谓伏日，大约指的是初伏。杨恽(yùn)《报孙会宗书》："田家作苦，岁时伏腊，烹羊炰羔，斗酒自劳。"

补订：

蔡襄《暑热帖》："襄启：暑热，不及通谒，所苦想已平复。日夕风日酷烦，无处可避，人生缰锁如此，可叹可叹！精茶数片，不一一。襄上，公谨左右。牯犀作子一副，可直几何，欲托一观，卖者要百五十千。"

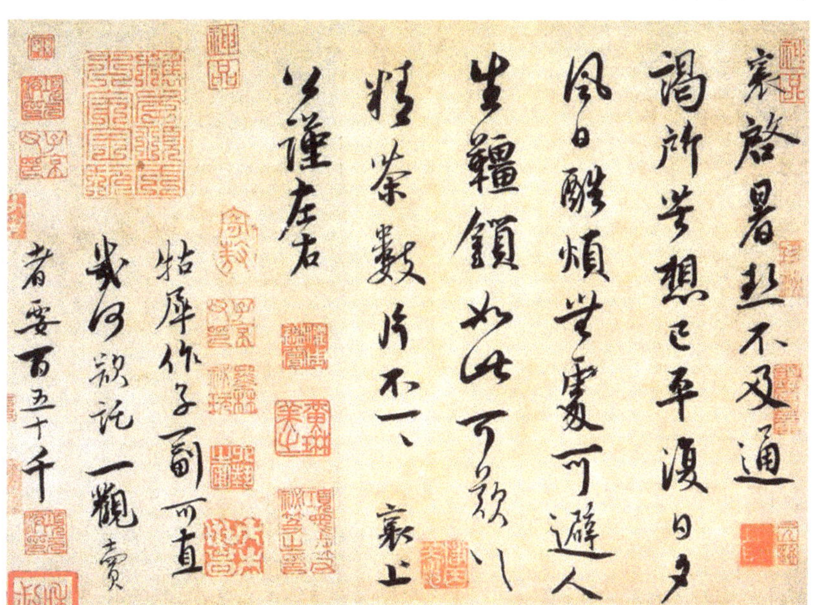

宋　蔡襄《暑热帖》

《荆楚岁时记》记载："伏日，并作汤饼，名为辟恶。按《魏氏春秋》，何晏以伏日食汤饼，以巾拭汗，面色皎然，乃知非傅粉。则伏日汤饼，自魏已来有之。"

三伏一般是三旬，共三十天，也有中伏两旬二十天的。如2021年7月11日为夏至后第三个庚日，为初伏，第四个庚日7月21日为中伏。这一年，8月7日立秋，立秋后的第一个庚日是8月10日，所以8月10日为终伏，夏至后第五个庚日7月31日也属中伏，则中伏自7月21日至8月9日，共两旬二十天。

元　刘贯道《消夏图》

七夕　七月七日。《荆楚岁时记》说，七月初七日的晚间是牵牛织女聚会之夜，人家妇女结彩缕穿七孔针，陈酒脯瓜果于庭中以乞巧。杜牧《秋夕》诗：“银烛秋光冷画屏，轻罗小扇扑流萤。天街夜色凉如水，卧看牵牛织女星。”

补订：

《荆楚岁时记》记载：“七月七日为牵牛织女聚会之夜。是夕，人家妇女结彩缕，穿七孔针，或以金银鍮石为针。陈几筵酒脯瓜果菜于庭中，以乞巧。有喜子（即蜘蛛）纲于瓜上，则以为符应。”

《开元天宝遗事》卷下“乞巧楼”记载：“宫中以锦结成楼殿，高百尺，上可以胜数十人，陈以瓜果酒炙，设坐具，以祀牛、女二星。嫔妃各以九孔针、五色线向月穿之，过者为得巧之候。动清商之曲，宴乐达旦，士民之家皆效之。”

《太平广记》卷一七五引《闽川名士传》记载，林杰五六岁时，甚有诗名，福建观察使唐扶命子弟延入学院。时会七夕，堂前乞巧，因试其乞巧诗。林杰援笔立成，诗云：“七夕今朝看碧霄，牵牛织女渡河桥。家家乞巧望秋月，穿尽红丝几万条。”唐扶惊叹：“真是神童！”

七夕有曝衣习俗。《太平御览》卷三一引《韦氏月录》：“七月七日晒曝革裘，无虫。”又引《四民月令》：“七月七日……暴经书及衣裳，习俗然也。”沈佺期《曝衣篇》诗云：“君不见昔日宜春太液边，披香画阁与天连。灯火灼烁九微映，香气氛氲百和然。此夜星繁河正白，人传织女牵牛客。宫中扰扰曝衣楼，天上娥娥红粉席。曝衣何许曛半黄，宫中彩女提玉箱。珠履奔腾上兰砌，金梯宛转出梅梁。绛河里，碧烟上，双花伏兔画屏风，四子盘龙攀斗帐。舒罗散縠云雾开，缀玉垂珠星汉回。朝霞散彩羞衣架，晚月分

五代　佚名《唐宫七夕乞巧图》

清　袁耀《七夕图》

光夺镜台。上有仙人长命缕，中看玉女迎欢绣。玳瑁帘中别作春，珊瑚窗里翻成昼。椒房金屋宠新流，意气骄奢不自由。汉文宜惜露台费，晋武须焚前殿裘。"

中元　七月十五日。佛教传说：目连的母亲堕入饿鬼道中，食物入口，即化烈火，目连求救于佛，佛为他说《盂兰盆经》，叫他在七月十五日作盂兰盆以救其母。后代把中元看成鬼节，有施饿鬼等迷信行为。

正月十五日为上元，七月十五日为中元，十月十五日为下元。后代只有上元、中元成为节日。

盂兰盆，梵语，是倒悬的意思。作盂兰盆，指施佛及僧，以报父母养育之恩。

补订：

《荆楚岁时记》记载："七月十五日，僧尼道俗悉营盆供诸寺。"

《盂兰盆经》说，目连比丘，见其亡母堕饿鬼道中，即以钵盛饭，往饷其母。见母食未入口，即化为火炭，遂不得食。目连大叫，即刻回来告诉佛祖。佛祖说：汝母罪重，非汝一人之力所能拯救，当须十方众僧威神之力相助。至七月十五日，当为七代父母及现在父母身处厄难中者，预备百味五果，置于盆中，供养十方众僧大德。佛祖敕令众僧大德，皆为施主目连祝愿七代父母，行禅定意，然后受食。此时，目连之母得解脱一切饿鬼之苦。

中秋　八月十五日。人们以为这时的月亮最亮，所以是赏月的佳节。苏轼《水调歌头》（中秋）："明月几时有，把酒问青天。"

五代　佚名《五代人浣月图》

《东京梦华录》卷八："中秋节前，诸店皆卖新酒，重新结络门面彩楼，花头画竿，醉仙锦旆，市人争饮。至午未间，家家无酒，拽下望子。是时螯蟹新出，石榴、榅(wēn)勃、梨、枣、栗、孛萄、弄色枨橘，皆新上市。中秋夜，贵家结饰台榭，民间争占酒楼玩月，丝篁鼎沸。近内庭居民，夜深遥闻笙竿之声，宛若云外。闾里儿童，连宵嬉戏。夜市骈阗，至于通晓。"

重阳(重九、九日) 九月初九日。古人以为九是阳数，日月都逢九，所以称为重阳。古人在这一天有登高饮酒的习惯。据《续齐谐记》所载，费长房对汝南桓景说，九月九日汝南有大灾难，带茱萸囊登山饮菊花酒可以免祸。这是一般人认为重九登高的来源，但不一定可靠。王维《九月九日忆山东兄弟》："遥知兄弟登高处，遍插茱萸少一人。"

《风土记》以为此日折茱萸插头，以辟恶气，而御初寒，与此并不相同。

《荆楚岁时记》曰："九月九日，四民并藉野饮宴。"

《初学记》卷四引《孟嘉别传》记载，孟嘉为桓温参军，既知其政，温甚器重。九月九日，桓温游龙山，参僚毕集，风吹孟嘉帽落，嘉未觉察。孙盛时在坐，桓温授纸笔命嘲之。故杜甫《九日蓝田崔氏庄》诗云："老去悲秋强自宽，兴来今日尽君欢。羞将短发还吹帽，笑倩旁人为正冠。蓝水远从千涧落，玉山高并两峰寒。明年此会知谁健，醉把茱萸仔细看。"

冬至　就是冬至节。冬至前一日称为小至。古人把冬至看成是节气的起点，从冬至起，日子一天天长起来，叫作"冬至一阳生"。古人又认为：冬天来了，春天就要跟着到来。杜甫《小至》诗："冬至阳生春又来。"

《史记·律书》："气始于冬至，周而复始。""日冬至，则一阴下藏，一阳上舒。"

补订：

姚合《和李十二舍人冬至日》："献寿人皆庆，南山复北堂。从今千万日，此日又初长。"

权德舆《冬至宿斋时郡君南内朝谒因寄》："清斋独向丘园拜，盛服想君兴庆朝。明日一阳生百福，不辞相望阻寒宵。"

腊日　腊是祭名。《说文》"冬至后三戌腊祭百神"，可见汉代的腊日是冬至后第三个戌日。但是《荆楚岁时记》以十二月初八日为腊日，并说村人击细腰鼓，作金刚力士以逐疫。十二月初八日是一般的解释，到今天还有"腊八粥"的风俗。杜甫《腊日》诗："腊日常年暖尚遥，今年腊日冻全消。"又《咏怀古迹》(其四)："岁时伏腊走村翁。"

补订：

《荆楚岁时记》："十二月八日为腊日。谚语：'腊鼓鸣，春草生。'村人并击细腰鼓，戴胡头，及作金刚力士以逐疫。"

西周　辛鼎及其铭文拓本

铭文：辛乍（作）宝，其亡彊（疆），毕（厥）家斁（擺）德，置（蜡）用暜（祅），毕（厥）剭（㐱）多友，多友鼗（僖），辛万年为人

据考释此为首次在商周出土文献中辨识出"蜡"祭

除夕　一年最后一天的晚上。除是除旧布新的意思。一年的最后一天叫"岁除"，所以那天晚上叫"除夕"。苏轼《守岁》诗："儿童强不睡，相守夜欢哗。"

补订：

《荆楚岁时记》："岁暮，家家具肴蕲，诣宿岁之位，以迎新年，相聚酣饮。"

孟浩然《除夜乐城逢张少府》："何知岁除夜，得见故乡亲。"《岁暮归南山》："白发催年老，青阳逼岁除。"

上述这些节日，不是一个时代的，而是许多时代积累下来的。

第三章　乐律

音律

古人把宫、商、角、徵、羽称为五声或五音，大致相当于现代音乐简谱上的1(do)、2(re)、3(mi)、5(sol)、6(la)。从宫到羽，按照音的高低排列起来，形成一个五声音阶，宫、商、角、徵、羽就是五声音阶上的五个音级：

宫	商	角	徵	羽
1	2	3	5	6

后来再加上变宫、变徵，称为七音。变宫、变徵大致和现代简谱上的7(ti)和$^\#$4(fis)相当。[《淮南子·天文训》把变宫叫作和，变徵叫作缪。后世变宫又叫作闰。我国传统音乐没有和4(fa)相当的音，变徵大致和$^\#$4(fis)近似。]这样就形成一个七声音阶：

宫	商	角	变徵	徵	羽	变宫
1	2	3	$^\#$4	5	6	7

作为音级，宫商角徵羽等音只有相对音高，没有绝对音高。这就是说它们的音高是随着调子转移的。但是相邻两音的距离却固定不变，只要第一级音的音高确定了，其他各级的音高也就都确定了。古人通常以宫作为音阶的起点，《淮南子·原道训》说："故音者，宫立而五音形矣。"宫的音高确定了，全部五声音阶各级的音高也就都确定了。七声音阶的情况也是这样。

新石器时代　贾湖骨笛

古书上常常把五声或五音和六律并举。《吕氏春秋·察传》篇说："夔于是正六律,和五声。"《孟子·离娄上》说"师旷之聪,不以六律,不能正五音",可见律和音是两个不同的概念。律,本来指用来定音的竹管。旧说古人用十二个长度不同的律管,吹出十二个高度不同的标准音,以确定乐音的高低,因此这十二个标准音也就叫作十二律。

蔡邕《月令章句》:"截竹为管谓之律。"《国语·周语下》:"律以平声。"后世律管改为铜制。又,古人也用钟弦定音,故有所谓管律、钟律和弦律。

十二律各有固定的音高和特定的名称,和现代西乐对照,大致相当于C、#C、D、#D、E、F、#F、G、#G、A、#A、B等十二个固定的音。从低到高排列起来,依次为:

1.黄钟	2.大吕	3.太簇	4.夹钟	5.姑洗	6.中吕
C	#C	D	#D	E	F
7.蕤宾	8.林钟	9.夷则	10.南吕	11.无射	12.应钟
#F	G	#G	A	#A	B

这样对照，只是为了便于了解，不是说上古的黄钟就等于现代的C，上古黄钟的绝对音高尚待研究。其余各音和今乐也不一一相等。黄钟、夹钟、林钟、应钟的钟字又作锺；太簇又作太蔟、太族、大族、大蔟、泰簇、泰族；中吕又作仲吕；姑洗的洗，读xiǎn；无射又作亡射，射，读yì。

十二律分为阴阳两类，奇数六律为阳律，叫作六律，偶数六律为阴律，叫作六吕，合称为律吕。古上所说的"六律"，通常是包举阴阳各六的十二律说的。

律管的长度是固定的。长管发音低，短管发音高。蔡邕《月令章句》说："黄钟之管长九寸（这是晚周的尺度，一尺长约二十三厘米），孔径三分，围九分。其余皆稍短（渐短），惟大小围数无增减。"十二律管的长度有一定的数的比例：以黄钟为准，将黄钟管长三分减一，得六寸，就是林钟的管长；林钟管长三分增一，得八寸，就是太簇的管长；太簇管长三分减一，得 $5\frac{1}{3}$ 寸，就是南吕的管长；南吕管长三分增一，得 $7\frac{1}{9}$ 寸，就是姑洗的管长。（尺寸依照《礼记·月令》郑玄注。）以下的次序是应钟、蕤宾、大吕、夷则、夹钟、无射、

《汉书·律历志》说："三分蕤宾损一，下生大吕。"其说非是。应以《淮南子》《礼记·月令》郑注及《后汉书·律历志》为准。参看王光祈《中国音乐史》。

中吕。除由应钟到蕤宾，由蕤宾到大吕都是三分增一外其余都是先三分减一，后三分增一。这就是十二律相生的三分损益法。十二个律管的长度有一定的比例，这意味着十二个标准音的音高有一定的比例。

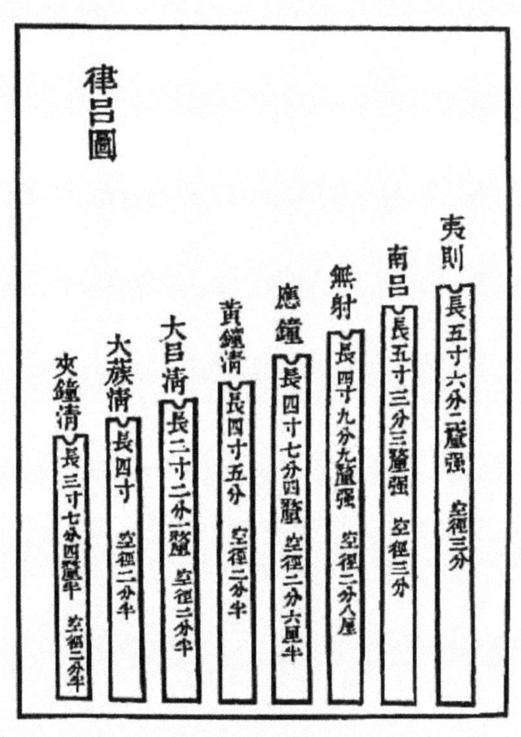

宋　《皇祐新乐图记》卷二《律吕图》

乐调

现在说到乐调。

上文说过，古人通常以宫作为音阶的第一级音。其实商、角、徵、羽也都可以作为第一级音。《管子·地员》篇有一段描写五声的文字，其中所列的五声顺序是徵羽宫商角，这就是以徵为第一级音的五声音阶：

徵	羽	宫	商	角
5̣	6̣	1	2	3

音阶的第一级音不同，意味着调式的不同：以宫为音阶起点的是宫调式，意思是以宫作为乐曲旋律中最重要的、居于核心地位的主音；以徵为音阶起点的是徵调式，意思是以徵作为乐曲旋律中最重要的、居于核心地位的主音；其余由此类推。这样，五声音阶就可以有五种主音不同的调式。根据同样的道理，七声音阶可以有七种主音不同的调式。《孟子·梁惠王下》："'为我作君臣相说之乐。'盖徵招、角招是也。"招就是韶（舞乐），徵招、角招就是徵调式舞乐和角调式舞乐。《史记·刺客列传》载："高渐离击筑，荆轲和而歌，为变徵之声，士皆垂泪涕泣。又前而为歌曰：'风萧萧兮易水寒，壮士一去兮不复还。'复为慷慨羽声，士皆瞋目，发尽上指冠。"这里所说的变徵之声就是变徵调式，羽声就是羽调式。以上的记载表明，不同的调式有不同的色彩，产生不同的音乐效果。

但是上文说过，宫商角徵羽等音只有相对音高，没有绝对音高。在实际音乐中，它们的音高要用律来确定。试以宫调式为例，用黄钟所定的宫音（黄钟为宫），就比用大吕所定的宫音（大吕为宫）要低。前者叫作黄钟宫，后者叫作大吕宫。宫音既定，其他各音用哪几个律，也就随之而定。例如：

黄钟宫

黄钟	大吕	太簇	夹钟	姑洗	中吕	蕤宾	林钟	夷则	南吕	无射	应钟
宫		商		角			徵		羽		

大吕宫

黄钟	大吕	太簇	夹钟	姑洗	中吕	蕤宾	林钟	夷则	南吕	无射	应钟
	宫		商		角			徵		羽	

理论上十二律都可以用来确定宫的音高，这样就可能有十二种不同音高的宫调式。商角徵羽各调式仿此，也可以各有十二种不同音高的调式。

总起来说，五声音阶的五种调式，用十二律定音，可各得十二"调"，因此古人有所谓六十"调"之说。所以《淮南子·原道训》说："音之数不过五，而五音之变不可胜听也。"根据同样的道理，七声音阶的七种调式，用十二律定音，可得八十四"调"。了解到这一点，那么古书上所说的"黄钟为宫，大吕为角，太簇为徵，应钟为羽"（《周礼·春官·大司乐》）这一类的话就不难懂了，所指的不过是不同音高的不同调式而已。

有一点需要注意：无论六十"调"或八十四"调"，都只是理论上有这样多的可能组合，在实际音乐中不见得全都用到。例如隋唐燕乐只用二十八宫调，南宋词曲音乐只用七宫十二调，元代北曲只用六宫十一调，明清以来南曲只用五宫八调。常用的只有九种，即五宫四调，通称为"九宫"：

　　五宫：正宫、中吕宫、南吕宫、仙吕宫、黄钟宫

　　四调：大石调（又作大食调）、双调、商调、越调

前人把以宫为主音的调式称为宫，以其他各声为主音的调式统称为调，例如八十四调可以分称为十二宫七十二调，也可以合称为八十四宫调。隋唐燕乐所用的二十八宫调包括七宫二十一调。

唐 《宫乐图》

这里所列的"调"的名称是传统惯用的俗名。和上古的"调"对照，大致是：正宫——黄钟宫；中吕宫——夹钟宫；南吕宫——林钟宫；仙吕宫——夷则宫；黄钟宫——无射宫；大石调——黄钟商；双调——夹钟商；商调——夷则商；越调——无射商。

古书上又常常提到八音。《尚书·舜典》说："八音克谐。"《周礼·春官·大司乐》说："文之以五声，播之以八音。"所谓八音，是指上古的八类乐器，即金、石、土、革、丝、木、匏(páo)、竹。依《周礼·春官·大师》郑玄注，金指钟

战国　湖北随州曾侯乙墓出土编钟（藏湖北省博物馆）

镈(bó)，石指磬(qìng)，土指埙(xūn)，革指鼓鼗(táo)，丝指琴瑟，木指柷敔(zhù yǔ)，匏指笙，竹指管箫。由此可见八音和五声、七音是不同性质的。

我国乐律，历代有不少变更，这里没有必要加以叙述。

补订：

唐九霄环佩琴，伏羲式，为著名古琴。此琴传为盛唐雷氏作品。琴以梧桐作面，杉木为底。龙池、凤沼均作扁圆形，琴底龙池上方篆书"九霄环佩"琴名，下方有篆文"包含"大印一方。池右有行书"冷然希太古，诗梦斋珍藏"及"诗梦斋印"一方。池左行书："超迹苍霄，逍遥太极。庭坚。"琴足上方行书："蔼蔼春风细，琅琅环珮音。垂帘新燕语，苍海老龙吟。苏轼记。"

《初学记》卷十六引《古今乐录》："凡金为乐器有六，皆钟之类也：曰钟，曰镈，曰錞，曰镯，曰铙，曰铎。镈如钟而大。錞，錞于也，圆如椎头，上大下小，所谓金錞和鼓也。镯，钲也，形如小钟，军行为鼓节。铙如铃而无舌，有柄而执之。铎，如大铃。古

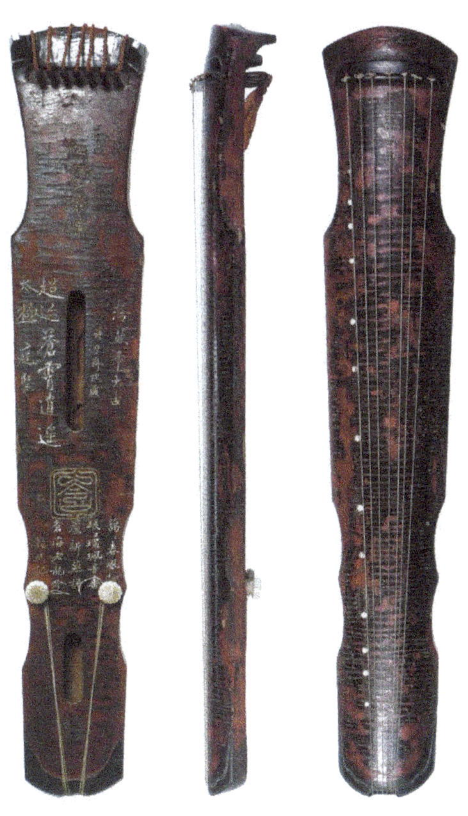

唐　九霄环佩琴

钟名有大林之钟，景钟，九龙之钟，十龙之钟，千石之钟。"

　　《释名·释乐》："磬，磬也，其声磬磬然坚致也。""埙，喧也，声浊喧喧然也。""笙，生也。象物贯地而生，以匏为之，其中空以受簧也。""柷敔，柷，状如桼桶，敔，状如伏虎，柷，如物始见……为始以作乐也。敔，衙也，衙，止也，所以止乐也。"

柷敔，左图为柷，右图为敔

唐《宫乐图》（局部），宫女吹笙

　　《说文解字》："笙，正月之音，物生，故谓之笙。有十三簧，象凤之身。"《列仙传》卷上《王子乔》："王子乔者，周灵王太子晋也。好吹笙，作凤凰鸣。游伊、洛之间，道士浮丘公接以上嵩高山。"沈佺期《凤笙曲》："忆昔王子晋，凤笙游云空。挥手弄白日，安能恋青宫。岂无婵娟子，结

念罗帏中。怜寿不贵色,身
世两无穷。"李贺《天上
谣》:"王子吹笙鹅管长,呼
龙耕烟种瑶草。"

　　《列仙传》卷上《萧
史》:"萧史者,秦穆公时人
也,善吹箫,能致孔雀白鹤
于庭。穆公有女字弄玉,好
之。公遂以女妻焉,日教弄
玉作凤鸣,居数年,吹似凤
声,凤凰来止其屋。公为作
凤台。夫妇止其上,不下数
年,一旦皆偕随凤凰飞去。
故秦人为作凤女祠于雍宫
中,时有箫声而已。"

明　唐寅《吹箫仕女图》

律中

我国音乐有悠久的历史，我国乐律知识在二千多年以前就已经非常精微，这是值得我们自豪的。但是由于历史条件的限制，古人对乐律的理解还有不正确的一面，我们学习古代乐律，对这一点也应该有所了解。

古人把宫商角徵羽五声和四季、五方、五行相配。如果以四季为纲排起表来，它们之间的配合关系是：

四季	春	夏	季夏	秋	冬
五声	角	徵	宫	商	羽
五方	东	南	中	西	北
五行	木	火	土	金	水

这种配合关系，可举两条旧注来说明。《礼记·月令》郑玄注："春气和，则角声调。"所以角配春。《吕氏春秋·孟春纪》高诱注："角，木也，位在东方。"所以角配木，配东。其余由此类推。显而易见，这样解释是没有科学根据的。但是古人对于五声和四季、五方、五行的具体配合既然有了一种传统的了解，那么古典作家的作品在写到某个季节时连带写到和这个季节相配的音名和方位，就完全可以理解了。欧阳修《秋声赋》之所以说"商声主西方之音"，就是因为古人以秋季、商音和西方相

配的缘故。

欧阳修《秋声赋》接着还说"夷则为七月之律"，夷则和七月的联系要从十二律和十二月的配合来说明。在上古时代，人们把乐律和历法联系起来，依照《礼记·月令》，一年十二月正好和十二律相适应：

孟春之月，律中太簇；

仲春之月，律中夹钟；

季春之月，律中姑洗；

孟夏之月，律中中吕；

仲夏之月，律中蕤宾；

季夏之月，律中林钟；

孟秋之月，律中夷则；

仲秋之月，律中南吕；

季秋之月，律中无射；

孟冬之月，律中应钟；

仲冬之月，律中黄钟；

季冬之月，律中大吕。

所谓"律中"，据《礼记·月令》郑玄注就是"律应"，"律应"的征验则凭"吹灰"。吹灰是古人候气的方法，据说是用葭莩的灰塞在律管里，某个月份到了，和它相应的律管里的葭灰就飞动起来了。欧阳修《秋声赋》"夷则为七月之律"，就是在这个意义上说的。这种方法当然是不科学的，但是也成了典故。陶潜《自祭文》说"岁惟丁卯，律中无射，天寒夜长，风气萧索"，是指季秋九月。杜甫《小至》："吹葭六琯动飞灰。"琯，玉制的律管。

小至是冬至的前一天，仲冬之月，律中黄钟，诗人的意思是说"冬至到了，律中黄钟，黄钟管的葭灰飞动了"。韩愈《忆昨行》"忆昨夹钟之吕初吹灰"，意思是说"想起了二月的时候"，因为仲春之月律中夹钟。

前人说这里的"六琯"包举六律六吕十二个管，其实是指黄钟管。诗人为了和上句"刺绣五纹添弱线"的"五纹"相对，所以说"六琯"。诗歌用词灵活，不可拘泥。

由于古人把十二律和十二月相配，后世作家常喜欢用十二律的名称代表时令月份。例如曹丕《与吴质书》"方今蕤宾纪时，景风扇物"，就是指仲夏五月说的。

关于古代乐律，我们就说到这里。

第四章

地理

历代地方区域的划分，各有不同。有时候，同一个区域名称，而涵义大有区别。有些名称则是上古所没有的。现在举出一些例子来加以说明。

州

相传尧时禹平洪水，分天下为九州，即冀州、兖州、青州、徐州、扬州、荆州、豫州、梁州、雍州。又相传舜时分为十二州，即除了九州外，又从冀州分出并州、幽州，从青州分出营州。这样，疆域的大小是一样的，只是州的大小稍有不同罢了。

补订：

据《尚书·舜典》及《史记·夏本纪》记载，帝尧之时，洪水滔天，尧用鲧治水，九年而水不息，功用不成。鲧因治水无状而受诛，舜举鲧之子禹继承父业。尧崩，舜命禹平水土。

到了汉代，中国的疆土更大了，于是增加了一个交州、一个朔方。后来朔方并入并州，改雍州为凉州，改梁州为益州。东汉时代，共有十三州，即：司隶(直辖州)、豫州、兖州、徐州、青州、凉州、并州、冀州、幽州、扬州、益州、荆州、交州。晋初分为十九州，和东汉十三州比较，增加六州：(1)把凉州分为雍、凉、秦三州；(2)把益州分为梁、益、宁三州；(3)把幽州分为幽、平两州；(4)把交州分为交、广两州。

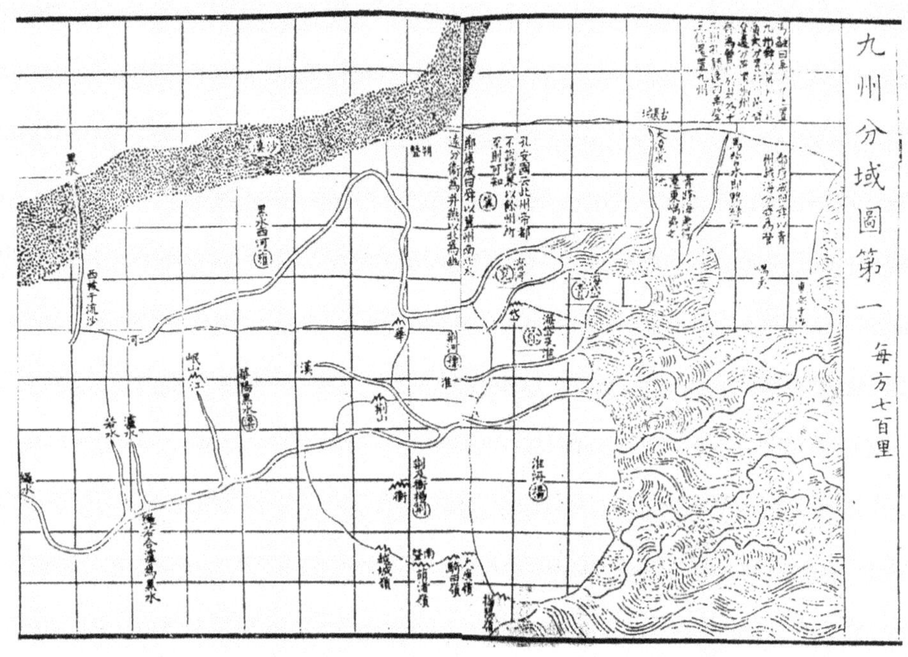

清　胡渭《禹贡锥指·九州分域图》

从汉到南北朝末，州基本上是监察区，有时也是行政区。不过从南北朝起，州的范围渐渐地缩小了。在唐代，全国共有三百多个州，是行政区，宋元所谓州，则与唐代基本上一致。明清改州为府，所以有"兖州府""扬州府"等名称，只留少数直隶州直辖于省，散州隶属于府。

汉武帝为了加强中央集权，分全国为十几个监察区，称为州或部。每州置刺史（后或称州牧）一人，巡察所属郡国。后来刺史都掌兵权，不是单纯的监察官了。

郡

　　郡是行政区域。秦分天下为三十六郡，其中著名的有陇西、颍川、南阳、邯郸、钜鹿、渔阳、右北平、辽西、辽东、河东、上党、太原、代郡、雁门、云中、琅琊、汉中、巴郡、蜀郡、长沙、黔中。后来又增加桂林、象郡、南海、闽中，共为四十郡。此后历代都有郡，但是区域变小了。直到隋代才取消了郡。唐代州郡迭改，都是行政区域。宋废郡。

北宋　税安礼《历代地理指掌图·秦郡县天下图》

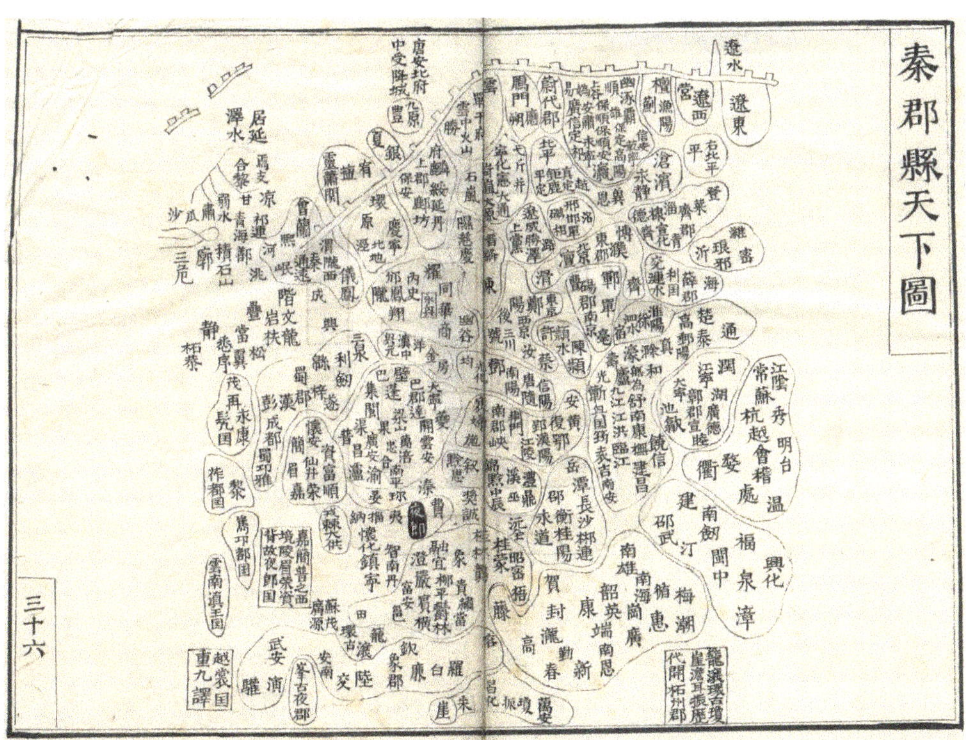

国

　　国是汉代诸侯王的封域，也是行政区。国的区域略等于郡，所以"郡国"连称。

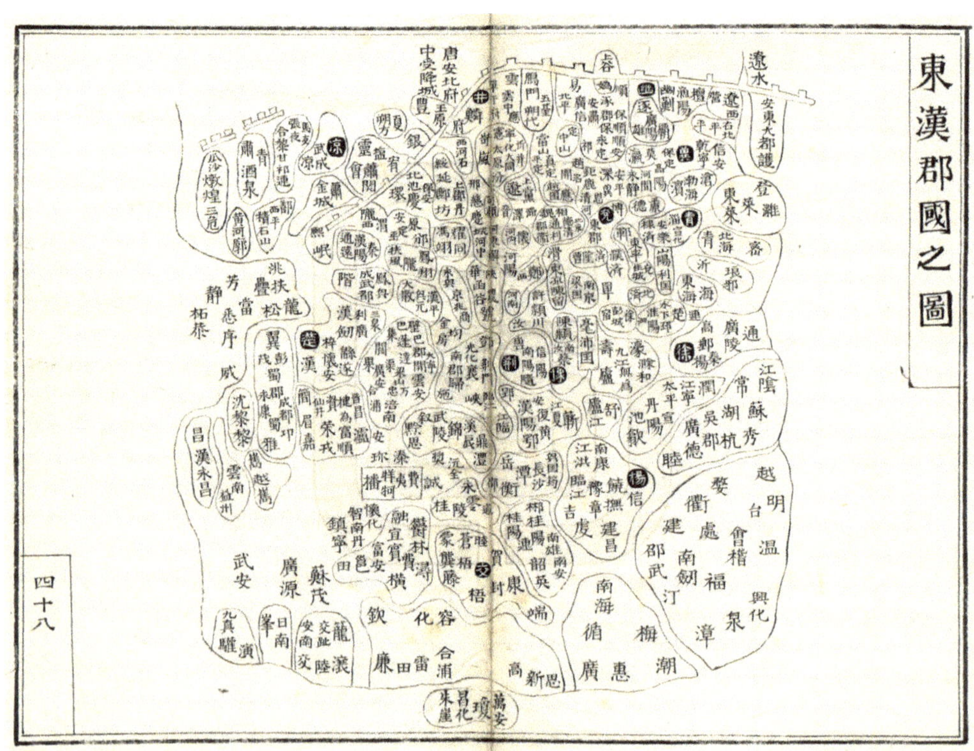

道

　　唐代的道是监察区，略相当于汉代的州。贞观年间，分全国为十道：(1)关内道，即古雍州；(2)河南道，即古豫、兖、青、徐四州；(3)河东道，即古冀州；(4)河北道，即古幽、冀二州；(5)山南道，即古荆、梁二州；(6)陇右道，即古雍、梁二州；(7)淮南道，即古扬州；(8)江南道，即古扬州的南部(今浙江、福建、江西、湖南等省)；(9)剑南道，即古梁州(剑阁以南)；(10)岭南道，即古扬州的南部。开元年间，又分为十五道，这是从关内道分出一个京畿(治长安)，从河南道分出一个都畿(治洛阳)，再把山南分为山南东道、山南西道，把江南分为江南东道、江南西道和黔中道。

　　冀州共出现两次，表示是冀州的一部分。下仿此。这些说法根据郑樵《通志》卷四十《地理略》。

路

　　宋代的路最初是为征收赋税转运漕粮而分的区域，后来逐渐带有行政区划和军区的性质。最初分全国为十五路，后来分为十八路、二十三路，和今天的省区大致相似，例如福建路、广东路、广西路、湖南路、湖北路、陕西路、河北路等，都和今天的省名相同，区域也大致相当。(此外还有少数特为军事而设的路，不领民事。)元代也有路，宋代的路大，元代的路小，相当于州府。

广东路又称广南东路，广西路又称广南西路，湖南路又称荆湖南路，湖北路又称荆湖北路。

省

本来是官署的名称。元代以中书省为中央政府，又在路之上分设行中书省（略等于中书省办事处或中书省行署），简称行省。后来行省成为正式的行政区域名称，简称为省。

谭其骧　《中国历史地图集》　元时期河南江北行省

府

依唐代制度，大州称为府，因为这些州都置有都督府或都护府，唐代府隶属于道，宋代府隶属于路，元代的府，有的隶属于路，有的直辖于中央。明清改州为府。

补订：

《新唐书·地理志》："唐兴，高祖改郡为州、太守为刺史，又置都督府以治之。""景云二年，分天下郡县，置二十四都督府以统之。既而以其权重不便，罢之。"又：京兆府京兆郡，本雍州，开元元年（713）为府；河南府河南郡，本洛州，开元元年为府；河中府河东郡，本蒲州，武德三年（620）徙治河东，开元八年（720）置中都，为府；太原府太原郡，本并州，开元十一年（723）为府；江陵府江陵郡，本荆州南郡，肃宗上元元年（674）号南都，为府；兴元府汉中郡，本梁州汉川郡，兴元元年（784）为府；成都府蜀郡，至德二载（757）号南京，为府。

军

军是宋代的行政区域，一个军等于一个州或府，直辖于路。宋代的平定军即清代的平定州，宋代的南安军即清代的南安府，可见军和州府是差不多的。

北宋 《九域守令图碑》
图中涉及行政地名一千
四百余，包括军三十七个

县

县是地方基层行政区域。秦汉的县属于郡（汉代国以下也有县），后代的县属于州或府。

我们阅读古书，要注意同名异地的情况。例如山东，战国时称六国为山东，这是因为秦都关中，六国在崤山函谷关以东的缘故。所以《战国策·赵策》说"六国从亲以摈秦，秦必不敢出兵于函谷关以害山东矣"，贾谊《过秦论》也说"山东豪俊，遂并起而亡秦族矣"。但是《汉书·儒林传》说，伏生得《尚书》二十九篇，"以教于齐鲁之间，齐学者由此颇能言《尚书》，山东大师亡不涉《尚书》以教"，这里的山东却指齐鲁一带。又如江南，《史记·货殖列传》说"江南豫章长沙"，指今天的湖广、江西一带，今天的江南，《史记》却称为江东，《史记·项羽本纪》说："纵江东父兄怜而王我，我何面目见之。"

古代山东、山西有就华山而言，有就太行山而言，这里不细说。

谭其骧《中国历史地图集》

秦西汉东汉时期·西汉扬州刺史部（局部）

补订：

《史记·货殖列传》："衡山、九江、江南、豫章、长沙，是南楚也。"《集解》："徐广曰：'高帝所置。江南者，丹阳也，秦置为郭郡，武帝改名丹阳。'"《正义》："徐说非。秦置郭郡在湖州长城县西南八十里，郭郡故城是也。汉改为丹阳郡，徙郡宛陵，今宣州地也。"则《史记》所谓"江南"，为汉之丹阳郡，为具体地名，非泛指。

王伯祥《史记选·项羽本纪》"江西皆反"注："大江自今安徽省境斜行而北，直达今江苏省的镇江市，形成一道略偏南北流向的水路。这一带地的两岸，自古有江东、江西之名。"则江东指安徽、江苏的长江以南地区，此即所谓"江南"。

柳恽《江南曲》："汀洲采白蘋，日暖江南春。洞庭有归客，潇湘逢故人。故人何不返，春华复应晚。不道新知乐，只言行路远。"《太平寰宇记》卷九四湖州乌程县："白蘋洲，在霅溪之东南，去州一里。洲上有鲁公颜真卿芳亭，内有梁太守柳恽诗云：'汀洲采白苹，日晚江南春。'因以为名。"则湖州亦称江南。

至于具体地名，在不同时代指不同地点，则更为常见。例如：
蓟，南北朝以前指今北京；蓟州，唐以后指今河北省蓟县一带。

蓟县1973年由河北省划归天津市（编辑注：2016年改设蓟州区）。蓟州辖境包括现在河北省香河、玉田、丰润、遵化等地。

谭其骧《中国历史地图集》

隋唐五代时期·河北道南部（局部）

桂林，秦代指今广西贵县南，三国时指今梧州市，西晋时指今柳州市东。桂州在南北朝及唐五代、桂林府在明清两代，都指今桂林市。

关于古代西州郡县邑的建置、因革及其境域，可查阅商务印书馆编印的《中国古今地名大辞典》。

第五章　职官

　　我国古代的职官，历代建置不同，其间因革损益，情况复杂。在这个题目下，我们不能全面叙述历代官制的发展，只能大致谈谈几个重要的问题：中央官制、地方官制、品阶勋爵等。

中央官制

战国时代，各国国君之下分设相将，分掌文武二柄。赵惠文王以蔺相如为相，以廉颇为将，是人所熟知的例子。《荀子·王霸》说相是"百官之长"，所以《战国策·齐策》说："于是梁王虚上位，以故相为上将军，遣使者黄金千斤，车百乘，往聘孟尝君。"楚国最高的长官称为令尹，次于令尹的是武官上柱国，官号和其他各国不同。

秦代皇帝之下设丞相府、太尉府和御史大夫寺组成中枢机构。丞相禀承皇帝意旨佐理国政；太尉掌全国军事；御史大夫是皇帝的秘书长，兼管监察。丞相官位最高，尊称为相国，通称为宰相。汉初沿袭秦制，汉武帝以后，丞相地位虽尊，权力却逐渐缩小。例如霍光以大司马大将军领尚书事，辅理国政，其权势就远在丞相之上。西汉末丞相改称大司徒，太尉改称大司马，御史大夫改称大司空（大司空是主水土之官，和先前御史大夫的职掌不同），号称三公（又称三司），都是宰相。但到东汉光武帝时，"虽置三公，事归台阁"（《后汉书·仲长统传》），三公只处理例行公事，台阁反而成了实际上的宰相府了。

所谓台阁，是指尚书机构尚书台说的，后世逐渐称为尚书省（晋称为尚书都省，刘宋称为尚书寺，一名尚书省），首长是尚书令，副职是尚书仆射。魏文帝鉴于东汉尚书台的权势太大，把它改为外围的执行机构，另外设置以中书监、令为首长的中书省，参掌中枢机密。南北朝时皇帝鉴于中书省权势日大，又设置以侍中为首长的门下省，对中书省加以限制。这样，就形成了皇朝中央尚书、中书、门下三省分职的制度：中书省取旨，门下省审核，尚书省执行，三省首长同为宰相，共议国政。

补订：

《晋书·荀勖传》记载，荀勖久在中书省任职，专管机密。及失中书之职，颇失意怅恨。有人向他祝贺，他说："夺我凤皇池，诸君贺我邪！"后以"凤池"指中书省。如张说《同贺八送兖公赴荆州》："畴昔同声友，骞飞出凤池。"薛逢《送西川杜司空赴镇》："三入凤池操国柄，八分龙节付兵权。"张籍《送裴相公赴镇太原》："衔恩暂遣分龙节，署敕还同在凤池。"

《旧唐书·职官志》记载，龙朔二年（662）二月甲子，改百司及官名。改尚书省为中台，中书门下为东西台；改侍中为左相，黄门侍郎为东台侍郎，中书令为右相，侍郎为西台侍郎，舍人为西台舍人。光宅元年（684）九月，改尚书省为文昌台，门下省为鸾台，中书省为凤阁；御史台改为左肃政台，专知京百官及监诸军旅，并承诏出使；更置右肃政台，专知诸州案察。开元元年（713）十二月，改尚书左右仆射为左右丞相，中书省为紫微省，门下省为黄门省。

　　唐代因为唐太宗曾任尚书令，以后此官不再授人，而以左右仆射为宰相。唐高宗以后左右仆射不再参决大政。唐太宗又认为中书令和侍中的官位太高，不轻易授人，常用他官加上"参议朝政""参议得失""参知政事"之类的名义掌宰相之职，高宗以后执行宰相职务的称为"同中书门下三品""同中书门下平章事"，宋代简称为"同平章事"，以"参知政事"为副相。

补订：

《新唐书·宰相表上》光宅元年(甲申，684)：

　　正月癸巳，左散骑常侍韦弘敏为太府卿、同中书门下三品。

　　二月丁丑，检校豫王府长史、太常卿王德真为侍中。中书侍郎、豫王府司马刘祎之为中书侍郎、同中书门下三品。

　　闰五月甲子，礼部尚书武承嗣为太常卿、同中书门下三品。

　　八月丙午，承嗣罢为礼部尚书。

　　十月丁亥，凤阁舍人李景谌同凤阁鸾台平章事，左肃政台御史大夫骞味道检校内史、同凤阁鸾台三品。

　　丙申，(裴)炎被杀。①

　　丁酉，(刘)景先贬辰州刺史②，弘敏贬汾州刺史，景谌罢守司宾少卿。守右史沈君谅、著作郎崔詧并为正谏大夫、同凤阁鸾台平章事。

　　十一月丁卯，(郭)待举罢为左庶子③。鸾台侍郎韦方质守凤阁侍郎、同凤阁鸾台平章事。

①永隆元年(680)，裴炎以黄门侍郎同中书门下三品，弘道元年(683)为中书令。
②永淳元年(682)，黄门侍郎刘景先同中书门下平章事，弘道元年，守侍中。
③永淳元年，黄门侍郎郭待举等并与中书门下同承受进止平章事，弘道元年，检校太子右庶子同中书门下平章事。

宋代中央是中书和枢密院分掌文武二柄，号称二府。枢密院类似秦代的太尉府，正副首长是枢密使、副使。

宰相一词最早见于《韩非子》，但是正式定为官号是在辽代。辽代中枢机构是北、南宰相府，各设左、右宰相。明代废中书省，皇帝亲理国政，以翰林院官员加殿阁大学士

衔草拟诏谕。后来大学士逐渐参与大政，成了实际上的宰相，号称辅臣，首席辅臣有元辅、首辅之称。清沿明制。到雍正时成立军机处，大学士就没什么职权了。

秦汉时中央的行政长官有：(1)奉常，汉初沿用此称，后来改称太常，掌宗庙礼仪；(2)郎中令，汉初沿用此称，后来改称光禄勋，管宫廷侍卫；(3)卫尉，汉景帝初一度改称中大夫令，管宫门近卫军；(4)太仆，管皇帝车马；(5)廷尉，汉代有时又称为大理，是最高的法官；(6)典客，汉初沿用此称，后来又称大行令、大鸿胪，管理少数民族来朝事宜；(7)宗正，管理皇族事务；(8)治粟内史，汉初沿用此称，后来又称大农令、大司农，管租税赋役；(9)少府，管宫廷总务。以上诸官，后来称为九卿。九卿之中，廷尉、典客和治粟内史管的是政务，其余六卿管的是皇帝私人事务。

九卿之外，还有掌管京师治安的中尉(后来称为执金吾)，以及掌管营建宫室的将作少府(后来称为将作大匠)，等等。

诸卿各有属官，这里不能列举，只就郎中令(光禄勋)的属官大夫和郎稍加说明如下：

汉代有太中大夫、中大夫(汉武帝改称光禄大夫)等。大夫"掌论议"，"无常事，唯诏命所使"，是后世散官的性质(后详)。

郎是皇帝侍卫官的通称，有议郎、中郎、侍郎、郎中。议郎掌顾问应对，比较特殊。其他诸郎皆"掌守门户，出充车骑"。

此外汉武帝又置期门，羽林作为光禄勋的属官。期门是汉武帝微行时的侍从，羽林是宿卫之官，都是郎的一类，所以有期门郎、羽林郎之称。

附带说一说汉代的加官，这是本官之外另加的官职。

汉代的加官有侍中、给事中、诸吏等。加侍中就能出入宫禁，成为皇帝的亲信。加给事中就能掌顾问应对。加诸吏就能对宫廷官员进行监察和弹劾。后世侍中成为门下省的首长，给事中成为门下省的属官。

汉代的加官还有中常侍和散骑等。中常侍在禁中侍奉皇帝(东汉改用宦者)，散骑是皇帝的骑从，掌"献可替否"。曹魏时合称散骑常侍，备皇帝顾问并掌规谏。南北朝散骑常侍是集书省(皇帝的侍从顾问机构)的首长，后世并入门下省。

下面说到六部。

尚书是九卿中少府的属官，发展为尚书台后，事务增多，于是分曹治事，每曹设尚书一人，这是后世中央各部的前身。从东汉到南北朝，部曹尚无定制，隋代始定为吏、民、礼、兵、刑、工六部，属于尚书省。唐避太宗讳，改民部为户部。此后历代相承，作为中央行政机构的六部制基本未变。

六部的职掌大致是：(1)吏部，掌官吏的任免、铨叙、考绩、升降等；(2)户部，掌土地、户口、赋税、财政等；(3)礼部，掌典礼、科举、学校等；(4)兵部，掌全国军政；(5)刑部，掌刑法、狱讼等；(6)工部，掌工程、营造、屯田、水利等。

各部的首长称为尚书，副首长称为侍郎，部下设司。司的首长称为郎中，副首长称为员外郎。属官有都事、主事等。

隋唐时每部分为四司，第一司即以本部为名，"佐其长而行政令"，其余三司各以职掌命名。例如唐代吏部，第一司仍称吏部，其余三司为司封、司勋、考功。后代部司有所调整，名称也不尽相同。

六部仿《周礼》六官，列表对照如下：

六部尚书	《周礼》六官
吏部尚书	天官大宰（冢宰）
户部尚书	地官大司徒
礼部尚书	春官大宗伯
兵部尚书	夏官大司马
刑部尚书	秋官大司寇
工部尚书	冬官大司空

杜佑《通典》卷二十三《职官》五说："若参详古今，征考职任，则天官大宰当为尚书令，非吏部之任。今吏部之始，宜出夏官之司士。"《周礼·冬官·司空》早亡。后补的《考工记》不足以当《冬官·司空》。

后世以《周礼》六官作为六部尚书的代称，如户部尚书称为大司徒，礼部尚书称为大宗伯等。（但是吏部尚书则称冢宰。又清代以户部掌漕粮田赋，故又称户部尚书为大司农。）

六部成立，诸卿的职权变小，有的卿由于职务并入有关的部司，后来就裁撤了。

现在说到中央的监察官和谏官。监察官对百官进行纠弹，谏官对皇帝进行规谏。下面分别叙述。

我国古代中央的监察官，可以追溯到战国时代的御史。御史是记事之官，兼纠察之职，秦汉称为侍御史，秦以御史大夫为侍御史之长。西汉御史大夫是副丞相，由其助手御史中丞领导监察弹劾工作。后来成立监察机构御史台，以御史中丞为首长。御史台又称宪台，后世或称肃政台等，所以习惯上把监察官称为台官。历代监察官的首长或为御史大夫，或为御史中丞等。明清中央监察机构称为都察院，首长称为左、右都御史。历代管监察的属官除侍御史外，还有治书侍御史、殿中侍御史、监察御史等。

唐避高宗讳，改治书侍御史为持书侍御史，又误作侍书侍御史。

补订：

赵璘《因话录》卷五记载，唐御史台三院：一曰台院，其僚曰侍御史，众呼为端公；二曰殿院，其僚曰殿中侍御史，众呼为侍御；三曰察院，其僚曰监察御史，众呼亦曰侍御。若三院同见台长，则通曰三院侍御。

前人把台官和谏官合称为台谏。西汉有谏大夫，东汉称为谏议大夫，是属于光禄勋的专职谏官。唐代除谏议大夫外，又增设补阙、拾遗，三者各分左右，分属门下、中书二省。宋代左右补阙改为左右司谏，左右拾遗改为左右正言，后来并入谏院，以左右谏议大夫为首长。隋唐以来，和谏官同居门下省的有给事中，负责审阅各部奏章和封驳中书省所拟的诏旨（有不合者封还驳回），明代给事中负责稽查六部，并兼任前代谏议、补阙、拾遗之职，所以后来俗称给事中为给谏。清雍正时给事中和御史同属都察院，这样，御史也就称为台谏了。

封建皇帝有文学侍从。汉代选文章经术之士待诏金马门。或供奉辞赋，或讲论六艺群书，没有特定的官号。唐初设翰林院，这

是文人和卜医技术待诏的处所，并不是中央机关。唐玄宗以翰林待诏（后称翰林供奉）草拟诏令、应和文章。翰林待诏也是文学侍从的性质。后来另建学士院，入院的称为翰林学士，专掌皇帝的机密诏令，被认为是"清要显美"之官。宋代学士院改称翰林学士院。明清称为翰林院，但职掌和唐宋有所不同。

补订：

《旧唐书·职官志》记载，翰林院待诏者，有词学、经术、合炼、僧道、卜祝、术艺、书奕，其所重者为词学。武德、贞观年间，有温大雅、魏徵、李百药、岑文本、许敬宗、褚遂良。永徽以后，有许敬宗、上官仪，皆召入禁中驱使。乾封年间，刘懿之刘祎之兄弟等皆以文词召入待诏，常于北门等候进止，时称北门学士。武后时期，苏味道等皆待诏禁中。中宗时期，上官婉儿独当草诏之任。玄宗即位以后，张说、张九龄等召入禁中，谓之翰林待诏。皇帝日理万机，四方进奏、中外表疏的批答或诏令，有时由翰林待诏代笔。帝王的文书，也有待翰林待诏润色，称为视草。至德以后，天下用兵，军国多务，深谋密诏，都出自翰林待诏。又特别选拔名士，置学士六人，其中又选年深德重者一人为承旨。德宗好文，尤重其选。贞元以后，为学士承旨者，多位至宰相。

李白曾为翰林待诏。《新唐书·李白传》记载，天宝年间，李白至长安，拜见贺知章，知章见其诗文，叹为谪仙人，言于玄宗。玄宗召见金銮殿，李

清　苏六朋《太白醉酒图》

白论当世之事，奏颂一篇。玄宗赐食，亲为调羹，有诏供奉翰林。李白虽居官在朝，但仍与酒徒醉于酒市。玄宗坐沉香亭子，意有所感，欲得李白制作乐章。及召入，而李白已醉，左右以水洒面，醉意稍解。李白授笔成文，婉丽精切，略无留思。玄宗爱其才，屡蒙宴见。

　　侍奉皇帝讲读称为侍读、侍讲。唐代有集贤院侍读学士等；宋代有翰林侍读学士、侍讲学士等。宋元以来，皇帝和侍读、侍讲学士以及其他高级官员定期在内廷讲论经史，称为经筵。清代主讲经筵者称为经筵讲官。

　　古有史官。旧说周代太史掌文史星历兼管国家图书。秦汉时太史和太卜、太祝等官归奉常领导。魏晋南北朝设专职史官，一般称为著作郎。唐代设史馆，以他官兼任史馆修撰，由宰相监修国史。宋代史馆称为国史实录院，有修撰、编修、检讨等官。明代史官并入翰林院，仍沿用过去的官号。

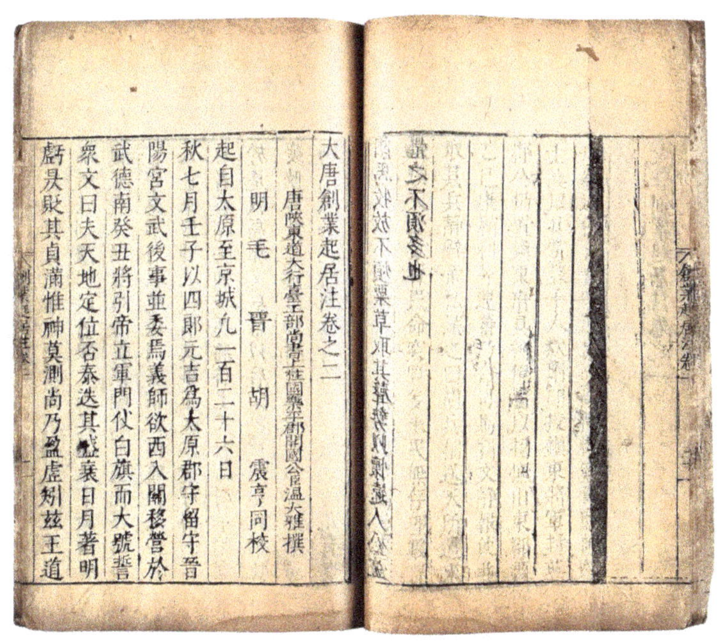

唐　温大雅《大唐创业起居注》书影

　　我国从古就很重视图书的收藏和校订。汉代御史中丞除作为监察官外，还在兰台掌图籍秘书，其下有兰台令史掌校书定字。东汉的秘书监以及后来增设的秘书郎、校书郎都是专管图书的官员。管理图书的机构一般称为秘书省。唐代秘书省一度称为兰台，这是因为兰台是汉宫的藏书之处。唐代内廷有收藏经史子集的弘文馆和修写"御本"的集贤殿书院（"御本"是缮写给皇帝看的），设学士、直学士、修撰、校理等官，并有校书郎、正字等，从事图书的管理、修撰和校订。宋代把收藏图书和编修国史的单位合称为馆阁：馆指昭文馆、史馆和集贤院，阁指秘阁和龙图、天章等阁。明代馆阁之职并入翰林院，所以翰林院也就称为馆阁了。

　　宋代龙图、天章诸阁各置学士、直学士和待制，其职掌是备皇帝顾问、参与论议或校订图书。后来这类阁学士成了朝臣外补（外调）时的"加恩兼职"，并不担任上述职务。宋代又有殿学士，这是授予旧相、辅臣的"职名"，有观文殿大学士、学士，资政殿大学士、学士，端明殿学士。这类殿学士和阁学士都是表示优宠的虚衔。

　　古代有博士、助教等官。秦汉时博士掌通古今、备顾问。汉文帝时，《论语》《孝经》《孟子》《尔雅》皆立博士，汉武帝设五经博士并置博士弟子学习经术。汉代博士是太常的属官，所以有太常博士之称，以聪明威重者一人为博士祭酒。魏晋以后历代所设的太常博士只是礼官的性质，和作为教官的国子博士、太学博士等职掌不同。晋代以博士为国子学和太学的教官，并设助教作为博士的副职。后代沿置，直到明清中央教育机构国子监还有博士和助教。北魏以后地方教官一度也称为博士、助教。

附带说一说教授。宋代府州开始设教授，负责教诲所属生员。明清府学设教授，州学设学正，县学设教谕，各以训导作为副职。至于地方最高的教育行政长官，宋代各路一度设过提举学事司，这是清代各省提督学政的前身。

最后谈谈武官。

春秋时已有将军称号。战国有大将军，后来又有左右前后将军，秦汉沿置。汉代还有骠骑将军、车骑将军、卫将军，地位都很高。此外还有临时设置的将军，例如对匈奴作战则置祁连将军，对大宛作战则置贰师将军等。

汉代略次于将军的是校尉，各依职掌命名。例如掌骑士的称为屯骑校尉，掌西域屯兵的称为戊己校尉等。魏晋以后，将军和校尉名目繁多，其中不少是虚衔，如云麾将军、振威校尉等，这里不细说。

地方官制

　　春秋时的地方行政单位有邑县。邑县的长官，鲁、卫称宰，晋称大夫，楚称令尹。战国时有郡有县。郡的长官为守，掌军事为主；县的长官为令，掌民政为主。后来以郡领县，形成郡县二级的地方行政单位。

　　秦汉万户以上的县，长官称令；不及万户的县，长官称长。县丞助理县政，县尉掌管治安。隋唐县的长官统称令。宋代派中央官员出掌县政则称为"知某某县事"，简称知县。明清沿用知县之称，元代则称为县尹。历代县有诸曹掾史，各有不同职掌。

　　秦汉县以上的行政单位是郡。秦代郡的行政长官是郡守，掌军事的是尉，掌监察的是监御史，简称为监。郡丞是郡守的佐贰。汉代郡守改称太守，后因兼领军事，所以有郡将之称。郡的属官除诸曹外还有督邮、主簿等。督邮举察属县官吏的功罪善恶，并督治地方豪强奸恶，主簿主管文书簿籍。

　　督邮职权很重，唐以后始废。古代官署一般都设主簿，宋以后县的主簿和丞尉同为县令（知县）的助理。

汉代和郡平行的还有"国"，这是皇帝子弟的封地，设官初仿中央，吴楚七国之乱后加以裁削，由中央派相处理行政（魏晋南北朝改称内史）。相和太守相当，都是二千石的官，所以汉代往往用二千石作为"郡国守相"的代称。

汉制以俸禄多少作为职官等级的标志，二千石的官月俸一百二十斛。

汉武帝时全国分为十几个监察区，称为州或部，每州置刺史一人（后或称为牧），监察所属郡国。京师所在的州置司隶校尉，略如刺史。刺史有别驾从事史、治中从事史等属官。别驾随刺史出巡，治中"主众曹文书"。东汉战争频仍，刺史或州牧都掌兵权。魏晋南北朝刺史多带将军称号，并允许成立军府，自置僚属，权势很大。这样，刺史就有两套属官，一套是属于监察系统的别驾、治中等，一套是属于军事系统的长史、司马、参军等。

杜佑《通典》卷三十二《职官十四》说："治中从事史一人，居中治事，主众曹文书，汉制也。"

不加将军称号的称为单车刺史，多由庶姓充任。又，晋代郡守也多加将军称号。

隋唐县以上的行政单位是州或郡。称州时长官是刺史（首都或陪都所在的州称为府，有尹、少尹等官），称郡时长官是太守，刺史实际上等于太守。古人把刺史或太守称为使君，柳宗元为永州刺史韦公写了《永州韦使君新堂记》，文章最后说"编以为二千石楷法"，这里二千石是袭用汉代郡国守相的称呼，其实是指当时州的行政长官刺史说的。刺史既然成了行政长官，那么前代刺史的两套属官的称号也就参用为行政系统的官号了。了解了这一点，就会知道隋唐州郡的司马其实是不掌武事的。

唐代中央对地方的监察起初是派员出巡各州，称为黜陟使（有权罢免或擢升地方官吏）。后来全国分为若干道，每道派京官一人巡察所属州县，先后称为巡察使、按察使、采访处置使、观察使。唐代又每聚边境数州为一镇，设节度使，兼度支、营田、观察等使，总揽一方军政、民政、财政和监察大权。观察使、节度使有判官、掌书记、推官等属官。节度使初设于边防重镇，后来内地普遍设置，形成藩镇割据的局面。宋代废藩镇制度，节度使只是优宠将帅大臣和宗室勋戚的虚衔。另分全国为若干路，各路设转运使等官，掌一路财赋等事。

补订：

《旧唐书·职官志》记载，开元二十一年(733)，分天下为十五道，每道置采访使，检察非法，如汉刺史之职。又于边境置节度、经略使，防御四夷。至德之后，中原用兵，刺史皆治军戎，遂有防御使、团练使、制置使之名。要冲大郡，皆有节度使之名，寇盗稍有平息，则易以观察使之名。

宋代县以上的行政单位是州，州政由中央派员前往管理，称为"知某州军州事"，简称知州。（"军"指地方军队，"州"指民政。）

州有通判，号称监州官，不似后世一般的副职。州的属官有判官管行政，有推官管司法。和州平行的还有府、军、监，设官和州大致相同。

　　宋代没有太守，刺史也是虚衔。欧阳修知滁州时写《醉翁亭记》提到太守，写《丰乐亭记》提到刺史，都是沿用前代的旧称。

　　元代地方最高行政机构是行中书省，体制类似中央，也有丞相、参知政事等官。明初沿袭元制，后改称承宣布政使司，简称布政司，但习惯仍称为"省"，长官为左右布政使，掌一省之政。明代有战事时，派朝臣出巡地方，处理军务，称为巡抚。遇有军事问题牵连几省，巡抚不能解决时，则派总督处理。总督、巡抚都是临时差使，不算正式地方官。清代总督、巡抚才成为固定的"封疆大吏"，巡抚是省级的最高长官，总督则总揽一省或两三省的军民要政。这样，布政使就只管财政和人事，成了督抚的下属了。

　　明清一省分为数道，道下有府有州。府州的长官称为知府、知州。其佐贰，府有同知、通判等，州有州同（同知）、州判等。有两种州：直隶州略等于府；散州隶属于府，和县相当。

品阶勋爵

品

古代把职官分为若干等级，通称为品。汉代以禄石多寡作为官位高低的标志，例如九卿是中二千石，刺史、太守之类是二千石，县令是千石到六百石，禄石不同，月俸收入不同。曹魏时职官分为九品，一品最高，九品最低。隋唐时九品又分正从，自正四品起，每品又分上下二阶，共有三十级。明清加以简化，九品只各分正从，共十八级。隋唐时九品以内的职官称为流内，九品以外的职官称为流外。流外官经过考铨转授流内官，唐代称为入流。清代不列入九品之内的官称为未入流。

阶

隋代把有职务的官称为职事官，没有职务的官称为散官。唐代把前代散官官号加以整理和补充，并重新规定品级，作为标志官员身份级别的称号，称为阶，通称为阶官。例如文官阶是：从一品称开府仪同三司，正二品称特进，从二品称光禄大夫，等等。六品以下的文官阶称郎，例如正六品上称朝议郎，正六品下称承议郎，等等。唐代又采取前代各种将军和校尉的官号作为武官阶，这里不再叙述。后来宋元明清都有阶官，只是名称和品级不尽相同而已。

补订：

唐代文散官各阶列表如下：

正一	无			从一	开府仪同三司		
正二	特进			从二	光禄大夫		
正三	金紫光禄大夫			从三	银青光禄大夫		
正四上	正议大夫	下	通议大夫	从四上	太中大夫	下	中大夫
正五上	中散大夫	下	朝议大夫	从五上	朝请大夫	下	朝散大夫
正六上	朝议郎	下	承议郎	从六上	奉议郎	下	通直郎
正七上	朝请郎	下	宣德郎	从七上	朝散郎	下	宣议郎
正八上	给事郎	下	征事郎	从八上	承奉郎	下	承务郎
正九上	儒林郎	下	登仕郎	从九上	文林郎	下	将仕郎

唐宋时一个人在某一时期的阶官品级和当时所任的职事官的品级不一定相同。阶官高于职事官，则在职事官上加"行"字，阶官低于职事官，则在职事官上加"守"字，阶官比职事官低二品则加"试"字。

补订：

张九龄《曲江集》："朝请大夫中书舍人内供奉……张九龄……九龄可守中书舍人。"朝请大夫是从五品上阶，中书舍人是正五品上阶职事官，职事官比散官高，所以称为"守"。又："中大夫守尚书工部侍郎……张九龄，可正议大夫行本官。"中大夫是从四品下阶，工部侍郎是正四品下阶职事官，原来职比散高，故称"守"，但进等以后，正议大夫是正四品上阶，变为职比散低，故称"行本官"。

韩愈《试大理评事王君墓志铭》，墓主王适，职事官为大理评事，未有散官。大理评事从八品下阶，故称"试"。

唐　杨执墓志铭（局部）

杨执为金紫光禄大夫行鄜州刺史，死后赠户部尚书

上柱国河东忠公，撰者为右庶子集贤学士贺知章

大唐故金紫光祿大夫行鄜州刺史贈戶部尚書上柱國河東忠公揚府君墓誌銘并序

右庶子集賢學士賀知章撰

夫神則無方瘦惟有積故善人為紀種德幽潛

義弘美容源畀穀侯其遠歟府君諱執一字大

弘農公孝思心皇司馭司衛二寺鄉德潞

開積石逷宗夫華作坤元之鎮家瞀籍其於海

羅凶閟毀齋加人由是頵學禮經深明喪服雖

勋

唐代又采取前代某些散官官号略加补充作为酬赏军功的勋号,称为勋,通称为勋官。有上柱国、柱国、上护军、护军、轻车都尉、骁骑尉等等,共十二级。后代沿袭唐制,只是品级略有不同。明代有文勋、武勋,武官勋号和前代基本相同,文官勋号除"柱国"外还有正治卿、资治尹之类。清代勋和爵就合而为一了。

补订:

唐贞观十一年(637)及上元元年(674)两次改定勋的名称,计有十二级如下:

正二	上柱国	从二	柱国
正三	上护军	从三	护军
正四上	上轻车都尉	从四上	轻车都尉
正五上	上骑都尉	从五上	骑都尉
正六上	骁骑尉	从六上	飞骑尉
正七上	云骑尉	从七上	武骑尉

爵

旧说周代封爵有公侯伯子男五等。汉代封爵实际上只有王侯二等。皇子封王,相当于先秦的诸侯,所以通称诸侯王。汉初异姓也封王,后来"非刘氏不王",异姓受封者通称列侯。汉武帝以后,诸侯王得在王国境内分封庶子为侯,也是列侯性质(称为王子侯)。汉代列侯食邑一般是县,有的是乡、亭,视所食户数多寡而定,所以后来有乡侯、亭侯之称。三国以后,历代封爵制度不尽相同,但是同姓封王基本一致,异姓则一般封为公侯伯子男。晋宋以后，爵号加"开国"字样以示尊贵，例如乐安郡开国公，曲阜县开国子，称为开国爵。不加"开国"的称为散爵。封地虽说有郡有县，但是后来都成了虚名，宋代所谓食邑若干户，食实封若干户，并不表示实际的赋税收入。明清皇室封爵和异姓封爵不同，这里不再细说了。

异姓也有封王的，例如杨坚（隋文帝）初仕北周，封随公，后来封为随王。李渊（唐高祖）初仕隋，封唐公，后来封为唐王。唐代郭子仪有军功，封为汾阳王。

［编辑注：《周书·静帝纪》："（大象二年十二月）大丞相、随国公杨坚进爵为王，以十郡为国。"后杨坚以"随"意不详而改为"隋"。］

补订：

唐代爵凡十等，其别如下：

正一	王	从一	嗣王　郡王　国公
正二	开国郡公	从二	开国县公
正三	无	从三	开国县侯
正四上	开国县伯	从四	无
正五上	开国县子	从五上	开国县男

第六章

科举

古有乡举里选之说。《周礼·地官·乡大夫》讲到三年举行一次"大比"，以考察乡人的"德行道艺"，选拔贤能的人才。《礼记·王制》提到"乡论秀士"，经过逐级选拔，有所谓俊士、进士等名称。《礼记·射义》还提到诸侯贡士于天子。这些说法虽然不能证明先秦确有贡举制度，但是后世科举制度上的一些做法和用语，有的是从这里来的。

察举、策问

汉代为了选拔统治人才，有察举的制度。汉高祖下过求贤诏，汉文帝也曾下诏察举贤良方正直言极谏之士，汉武帝又诏令天下察举孝廉和茂才。茂才就是秀才（优秀的人才），据说后因避东汉光武帝讳才改称茂才的。(《史记·屈原贾生列传》张守节《正义》引应劭云："避光武改茂才也。")汉昭帝以后，举士包括多方面的人才。东汉承袭旧制。一般说来，西汉以举贤良为盛，东汉以举孝廉为盛。但是东汉桓帝、灵帝以后，"举秀才，不知书；察孝廉，父别居"。可见当时的察举已经很滥了。

汉代被荐举的吏民经过皇帝"策问"后按等第高下授官。有所谓"对策"和"射策"。"对策"是将政事或经义方面的问题写在简策上，发给应举者作答；"射策"则类似抽签考试，由应举者用矢投射简策，并解释射中的简策上的疑难问题。后来"策问"的形式定型化了，所以后世把它看成为一种文体，萧统《文选》

"举秀才"句见《抱朴子·审举》篇。秀才本应贤良，而连字都不认得；孝廉本应孝廉，而察举的却是与父不同居的不孝之子。

射策见《汉书·萧望之传》颜师古注，《唐摭言》卷一。但是《文心雕龙·议对》篇说，射策是"言中理准，譬射侯中的"，这是对射策的另一种解释。

称之为“文”。“对策”也被认为是一种文体，简称为“策”，刘勰《文心雕龙·议对》说是“议”的别体。汉代董仲舒的《对贤良策》，是这种文体的名篇。至于“射策”，后来则成了一个典故，杜甫《醉歌行》说“只今年才十六七，射策君门期第一”，就是在应举考试的意义上运用这个典故的。

魏晋以后，地方察举孝廉、秀才的制度基本未废。所以李密《陈情表》说：“前太守臣逵，察臣孝廉；后刺史臣荣，举臣秀才。”

魏晋南北朝有所谓九品官人法，各州郡都设中正官负责品评当地人物的高低，分为上上、上中直到下下九品。这种制度本来是为了品评人才的优劣，以便选人授官，但是后来由于担任中正的都是“著姓士族”，人物品评全被豪门贵族所操纵，“上品无寒门，下品无势族”，九品实际上成了门第高低的标志了。

《文选》著录了王融、任昉所拟的策秀才文共十三首。

逵，太守的名。察，考察和推举。孝廉，指善事父母、品行方正的人。汉武帝开始令郡国每年推举孝、廉各一人，晋时仍保留此制。刺史，指益州刺史。刺史在晋代是州的负责监察、军事及行政的长官。荣，益州刺史的名。秀才，也是由地方推举的人才，由州推举。注意：晋时所谓秀才与后代所谓秀才的含义不同。

明经、进士

　　隋废九品中正，设进士、明经二科取士。唐承隋制，并增设明法、明字、明算诸科，而以进士、明经二科为主。进士科重文辞，明经科重经术。唐高宗、武则天以后，进士科最为社会所重，参加进士科考试被认为是致身通显的重要途径。进士科以考诗赋为主，此外还考时务策等。诗赋的题目和用韵都有一定的规定。诗多用五言六韵（近代变为五言八韵），有一定的程式，一般称为试帖诗。韩愈的《学诸进士作精卫衔石填海》一诗，就是这种体裁的作品。

补订：

　　《旧唐书·钱徽传》记载，钱徽，字蔚章，吴郡人。父钱起，天宝十年（751）登进士第。钱起能五言诗。初从乡荐，寄家江湖，曾于客舍月夜独吟，忽闻人吟诗于庭，有"曲终人不见，江上数峰青"两句。钱起愕然，摄衣起视，则无所见，以为是鬼怪，但记住了两句诗。钱起应试这一年，主考官李暐所试《湘灵鼓瑟诗》题中有"青"字，钱起即以鬼谣十字为落句，李暐深为赞赏，称为绝唱。

　　钱起《省试湘灵鼓瑟》诗云："善鼓云和瑟，常闻帝子灵。冯夷空自舞，楚客不堪听。苦调凄金石，清音入杳冥。苍梧来怨慕，白芷动芳馨。流水传潇浦，悲风过洞庭。曲终人不见，江上数峰青。"

《唐诗纪事》卷二〇"祖咏"："有司试《终南山望余雪》诗，（祖）咏赋云：'终南阴岭秀，积雪浮云端。林表明霁色，城中增暮寒。'四句即纳于有司。或诘之，咏曰：'意尽。'"

唐代取士由地方举送中央考试，称为乡贡。被举送应试的人通称为举人。唐人常说"举进士"，例如韩愈《讳辩》说"愈与李贺书，劝贺举进士"，意思是应举参加进士科的考试，这种人在唐代就称为进士。韩愈《送孟秀才序》说"京师之进士以千数，其人靡所不有"，就是指当时应举参加进士科考试的人说的。唐初设有秀才科，不久即废，但是唐人后来仍通称应进士科考试的人为秀才（见李肇《唐国史补》卷下）。由此可见，唐代进士、举人和秀才的概念与后世不同（参看下文清代科举）。

补订：

《新唐书·选举志》记载，唐制，取士之科，多因袭隋制。学馆出身者称为生徒，州县推荐者称为乡贡。其科之目，有秀才，有明经，有俊士，有进士，有明法，有明字，有明算，有一史，有三史，有开元礼，有道举，有童子。而明经之别，有五经，有三经，有二经，有学究一经，有三礼，有三传，有史科。此为常选。又有天子自诏者，称为制举，以待非常之才。所谓"学馆"，有隶属于国子监的国子学、太学、四门学、律学、书学、算学，有门下省弘文馆、东宫崇文馆。

唐代中央主持科举考试的机关是礼部，考官通常由礼部侍郎担任，称为知贡举。唐人有关科举考试的文章常常讲到有司、主司等，都指考官而言。参加进士科考试要请当世显人向考官推荐奖誉，才有及第（及格）的希望。及第以后称考官为座主、恩门，对座主则自称门生。同科及第的人互称为同年。

唐人进士及第第一名称为状头或状元。同榜的人在长安慈恩寺雁塔题名，称为题名会。宴会于曲江亭子，称为曲江会。又遍游名园，以同榜少年二人为"探花使"，探采名花。

补订：

曲江在长安的东南角，是当时京都的游览胜地，开元、天宝时，旁有殿宇，及第新进士依例在此宴集。王定保《唐摭言》卷三记载，曲江亭子，安史之乱以前，政府各司皆有亭台列于江岸。玄宗幸蜀之后，皆毁于兵火，所存者惟尚书省亭子而已。进士关宴，常常寄寓其间。宴饮之后，则移乐泛舟，大抵成为常例。宴前数日，行市骈阗，列于江头。这一天，公卿之家倾城而出，纵观于此，有若选东床之婿者，钿车珠鞍，十之八九，栉比而至。又记载："曲江之宴，行市罗列，长安几于半空。公卿家率以其日拣选东床，车马阗塞，莫可殚述。"

曲江大会之后，还有杏园宴，杏园宴又以"探花"为佳话。所谓探花，就是在新及第进士中选出两名俊少者，为两街探花使，使骑马遍游曲江附近或长安各处的名园，采摘名花。若有别的人先折得花卉如牡丹、芍药来的，就要受罚。新科进士举办各种宴会之际，长安城有名的园林特为开

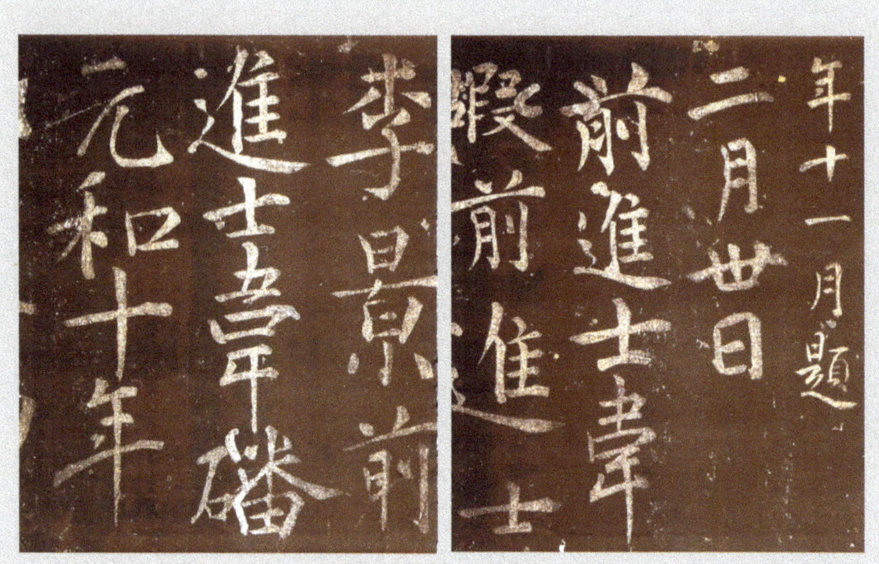

唐　《慈恩雁塔唐贤题名卷》（局部）

放，以便探花使游赏，采摘名花。张籍《喜王起侍郎放榜》诗云："东风节气近清明，车马争来满禁城。二十八人初上牒，百千万里尽传名。谁家不借花园看，在处多将酒器行。共贺春司能鉴识，今年定合有公卿。"诗人翁承赞于乾宁二年(895)登进士第，为探花使，有诗《擢探花使三首》，其一云："洪崖差遣探花来，检点芳丛饮数杯。深紫浓香三百朵，明朝为我一时开。"其二云："探花时节日偏长，恬淡春风称意忙。每到黄昏醉归去，纻衣惹得牡丹香。"孟郊诗《登科后》也是写探花情形，诗云："昔日龌龊不足夸，今朝放荡思无涯。春风得意马蹄疾，一日看尽长安花。"

杏园探花宴之后，为慈恩雁塔题名。《唐摭言》卷三说："神龙已来，杏园宴后，皆于慈恩寺塔下题名。同年中推一善书者纪之。"又记载："白乐天一举及第，诗曰：'慈恩塔下题名处，十七人中最少年。'乐天时年二十七。"

唐人进士及第后尚未授官称为前进士，还要参加吏部"博学宏词"或"拔萃"的考选，取中后才授予官职。韩愈《柳子厚墓志铭》说，柳宗元"虽少年，已自成人，能取进士第"，"其后以博学宏词，授集贤殿正字"。白居易进士及第后，因为取中"拔萃"，所以授秘书省校书郎。韩愈虽然进士及第，但是由于应吏部考选未中，未能得官。为此，韩愈以"前乡贡进士"的名义三次上书宰相求仕。

以上所说的进士、明经等科通常每年都举行考试。此外唐代还有所谓制举，这是由皇帝特诏举行的考试，据说是要选拔特殊的人才。无论取中进士、明经等科与否，都可以应制举。考期不固定，科目由皇帝临时决定，有贤良方正能直言极谏科、才识兼茂明于体用科、文辞秀逸科、风雅古调科，等等，前后不下百十种，这些称为制科。唐代博学宏词科本来也是制科，开元十九年（731）以后改为吏部选人的科目，每年举行考试（参看徐松《登科记考》凡例、卷五、卷七）。宋代制举恢复博学宏词科，直到清代还有博学鸿词科。

编辑注："宋代制举恢复博学宏词科"，"宏"原作"鸿"。依《宋史·选举志》，宋代先置宏词科，后改立博学宏词科，直至宋末，据改。

补订：

制举自唐初即已举行，《册府元龟》卷六四五记载："唐太宗贞观十一年四月，诏其有孝悌淳笃，兼闲时务；儒术该通，可为师范；文词秀美，才堪著述；明识治体，可委字民；并志行修立，为乡里所推者，举送洛阳宫。十五年六月，诏令天下士庶之内，或识达公方，学综今古，廉洁正直，可以经国佐时；或孝悌淳笃，节义昭显，始终不移，可以敦风励俗；或儒术通明，学堪师范；或文章秀异，才足著述。并宜荐举，具以名闻。十七年五月乙丑，诏令州县举孝廉茂才、好学异能、卓荦之士。"

制举考试时礼遇较为隆重，试前皇帝赐食。元稹《自述》诗云："延英引对碧衣郎，江砚宣毫各别床。天子下帘亲考试，宫人手里过茶汤。"因为受此礼遇，所以参加制举成为一些士人的追求。《河岳英灵集》卷上记载，高适"性拓落，不拘小节，耻预常科，隐迹博徒，才名自远"。天宝八年（749），高适举有道科中第。岑参《冀州客舍酒酣贻王绮寄题南楼》诗云："夫子傲常调，诏书下征求。知君欲谒帝，秣马趋西周。逸足何骎骎，美声

宋　佚名《殿试图》（局部）

实风流。学富赡清词，下笔不能休。"岑参自注："时王子欲应制举西上。"
这一风气盛唐为盛。

　　宋代最初也以进士、明经等科取士。宋神宗时王安石建议废明经等
科，只保留进士科。进士科不考诗赋而改试经义，此外仍考论策（后来也间
或兼考诗赋）。礼部考试合格后，再由皇帝殿试复审，然后分五甲（五等）放
榜，授予官职。

明　仇英《观榜图》（局部）

清代科举

明清两代的科举制度大致相同。下面只就清代的科举制度加以简单的叙述。

清人为了取得参加正式科举考试的资格，先要参加童试，参加童试的人称为儒童或童生，录取"入学"后称为生员，又称为庠生，俗称秀才。这是"功名"的起点。

清代有府学、州学和县学，统称为儒学。儒学和孔庙在一起，称为学宫。生员"入学"后即受教官（教授、学正、教谕、训导）的管教。清初生员尚在学宫肄业，有月课和季考，后来变成有名无实了。

生员分为三种：成绩最好的是廪生，有一定名额，由公家发给粮食；其次是增生，也有一定名额；新"入学"的称为附生。每年由学政考试，按成绩等第依次升降。

廪生是廪膳生员的简称，明初生员每人每月皆由公家给粮食，所以称为廪生。后来名额增广，在增广名额中的生员称为增广生员，简称增生，增生不廪粮。明代府学、县学之外还有附学生员，简称为附生，清代沿用明代的旧称。

正式的科举考试分为三级：(1)乡试；(2)会试；(3)殿试。

乡试通常每三年在各省省城举行一次，又称为大比。由于是在秋季举行，所以又称为秋闱。参加乡试的是秀才（庠生），但是秀才在参加乡试之前先要通过本省学政巡回举行的科考，成绩优良的才能选送参加乡试。乡试取中后称为举人，第一名称为解元。

由捐纳而取得监生（国子监生员）资格的（所谓例监），也可以参加乡试。

会试在乡试后的第二年春天在礼部举行，所以会试又称为礼闱，又称为春闱。参加会试的是举人，取中后称为贡士，第一名称为会元。会试后一般要举行复试。

以上各种考试主要是考八股文和试帖诗等。八股文题目出自四书五经，略仿宋代的经义，但是措辞要用古人口气，所谓代圣贤立言。结构有一定的程式，字数有一定的限制，句法要求排偶，又称为八比文、时文、时艺、制艺。

殿试是皇帝主试的考试，考策问。参加殿试的是贡士，取中后统称为进士。殿试分三甲录取。第一甲赐进士及第，第二甲赐进士出身，第三甲赐同进士出身。第一甲录取三名，第一名俗称状元，第二名俗称榜眼，第三名俗称探花，合称为三鼎甲。第二甲第一名俗称传胪。

状元授翰林院修撰，榜眼、探花授翰林院编修。其余诸进士再参加朝考，考论诏奏议诗赋，选擅长文学书法的为庶吉士，其余分别授主事（各部职员）、知县等。庶吉士在翰林

实际上，要获得主事、知县等职，还须经过候选、候补，有终身不得官者。

清 《状元游街》版画

院内特设的教习馆(亦名庶常馆)肄业三年期满后举行"散馆"考试，成绩优良的分别授翰林院编修、翰林院检讨，其余分发各部任主事，或分发到各省任知县。

附带说一说贡生。清代有岁贡、恩贡、拔贡、副贡。每一年或两三年由地方选送年资长久的廪生入国子监肄业的，称为岁贡。逢国家庆典进贡的生员，称为恩贡。每三年各省学政就本省生员择优保送国子监的，称为优贡。每十二年各省学政考选本省生员择优保送中央参加朝考合格的，称为拔贡。乡试取入副榜直接送往国子监的，称为副贡。

科举还有武科一类。唐朝武则天时代就开始有武举了，后代相沿，直到清代还有武科考试，这里不细说了。

科举是封建时代最高统治阶级收买士人为之服务的一种手段，汉代的察举也是同样的性质。封建皇帝并不隐讳这一点。汉高祖十一年(公元前196)下诏说："贤士大夫有肯从我游者，吾能尊显之。"(《汉书·高帝纪》)汉武帝元封五年(公元前106)下诏说："夫泛驾之马，跅(tuò)弛之士，亦在御之而已。"(见《汉书·武帝纪》。跅弛，放任无检束。)《唐摭言》记载唐太宗"尝私幸端门，见新进士缀行而出，喜曰：'天下英雄入吾彀中矣。'"(《唐摭言》卷一《述进士上篇》)知识分子热衷于功名利禄者，把科举当作入仕的途径，因此也就甘心受人收买和笼络，虽老死于科场亦无所恨。"太宗皇帝真长策，赚得英雄尽白头。"(《唐摭言》卷一《散序进士》)一千多年以前，早就有人揭露了科举制度的实质了。

第七章　姓名

姓与氏

上古有姓有氏。姓是一种族号，氏是姓的分支，不少古姓如姜、姬、姚、嬴、姒等都加女旁，这暗示先民曾经经历过母权社会。后来由于子孙繁衍，一族分为若干分支散居各地，每支有一个特殊的称号作为标志，这就是氏。例如旧说商人的祖先是子姓，后来分为殷、时、来、宋、空同等氏。这样，姓就成了旧有的族号，氏就成了后起的族号了。《通鉴外纪》说："姓者统其祖考之所自出，氏者别其子孙之所自分。"可见姓和氏是既有区别又有联系的。

周代的姓氏制度和封建制度、宗法制度有密切联系。贵族有姓氏，一般平民没有姓氏。贵族中女子称姓，男子称氏，这是因为氏是用来"明贵贱"的，姓是用来"别婚姻"的，二者的作用不同。

补订：

顾炎武《日知录》卷二十三："先生《原姓》篇曰：男子称氏，女子称姓。氏一再传而可变，姓千万年而不变。"

　　周王室及其同姓封国如鲁、晋、郑、卫、虞、虢、吴、燕等国都是姬姓，异姓封国如齐是姜姓，秦是嬴姓，楚是芈(mǐ)姓，宋是子姓，越是姒姓，等等。上古同姓不婚，贵族妇女的姓比名更为重要，待嫁的女子如果要加以区别，则在姓上冠以孟(伯)仲叔季，表示排行。例如：

孟姜　　伯姬　　仲子　　叔姬　　　季芈

出嫁以后如果要加以区别，就采用下列几种方法：

（1）在姓上冠以所自出的国名或氏。例如：

齐姜　　晋姬　　秦嬴　　陈妫(guī)　　国姜(国，氏)

（2）嫁给别国的国君，在姓上冠以配偶受封的国名。例如：

秦姬　　芮姜　　息妫　　江芈

（3）嫁给别国的卿大夫，在姓上冠以配偶的氏或邑名。例如：

赵姬(赵衰妻)　　　孔姬(孔圉妻)

秦姬(秦遄妻)　　　棠姜(棠公妻。棠，邑名)

（4）死后在姓上冠以配偶或本人的谥号(详见下文)。例如：

武姜(郑武公妻)　　昭姬(齐昭公妻)

共姬(宋共公妻)　　敬嬴(鲁文公妃)

文姜(鲁桓公妻)　　齐归(鲁昭公母)

氏的情况比较复杂。诸侯以受封的国名为氏。例如：

郑捷(郑文公)　　蔡甲午(蔡庄公)

此从旧说。顾炎武《亭林文集》卷一《原姓》篇认为国君无氏，不称氏，称国。

齐环(齐灵公)　　　宋王臣(宋成公)

卿大夫及其后裔则以受封的邑名为氏。例如：

屈完　　　　　知罃(yīng)　　羊舌赤　　　解狐

或以所居的地名为氏。例如：

东门襄仲　　　　北郭佐　　　南宫敬叔　　百里孟明视

或以官名为氏。例如：

卜偃　　　　　祝鮀(tuó)　　司马牛　　　乐正克

古人还有以祖先的字或谥号为氏的。例如：

孔丘(宋公孙嘉之后,嘉字孔父)

仲孙阅(鲁公子庆父之后,庆父字仲)

叔孙得臣(鲁公子牙之后,牙字叔)

季孙肥(鲁公子友之后,友字季)

庄辛(楚庄王之后)

此外还有以技为氏的。如巫、陶、甄等。

关于姓氏,有几点需要提出来说一说：

第一,上古称呼妇女可以在姓下加"氏"字。例如武姜被称为姜氏,敬赢被称为赢氏,骊姬被称为姬氏,等等。

第二,在某些情况下,族和氏是同义词。《春秋·成公十四年》"叔孙侨如如齐逆女",《左传》说："称族,尊君命也。"《春秋》在下文说："侨如以夫人妇姜氏至自齐。"《左传》说："舍族,尊夫人也。"这里所谓称族、舍族,指的是称叔孙,不称叔孙,可见族就是氏。《战国策·秦策》："昔者曾子处费,费人有与曾子同名族者而杀人。"这里的族也就是氏的意思。

第三,战国以后,人们以氏为姓,姓氏逐渐合而为一,汉代则通谓之姓，并且自天子以至于庶人就都能有姓了。

参看顾炎武《日知录》卷二十三。钱大昕《十驾斋养新录》卷十二"姓氏"条则认为"盖三代以前，姓与氏分；汉魏以后，姓与氏合"。

补订：

顾炎武《日知录》卷二十三："言姓者，本于五帝，见于《春秋》者得二十有二。……自战国以下之人，以氏为姓，而五帝以来之姓亡矣。……战国时人大抵犹称氏族，姓也。汉人则通谓之姓，然氏族之称犹有存者。""姓氏之称，自太史公始混而为一。本纪于秦始皇则曰姓赵氏，于汉高祖则曰姓刘氏。"

第四，后世有非汉族的复姓，例如长孙、万俟、宇文、慕容、贺兰、独孤、拓跋、尉迟、呼延、秃发、乞伏、仆固、歌舒等等。

补订：

西汉初年，齐国田氏有以第二、第五、第八为氏的。《元和姓纂》卷八"第五"："出自齐诸田之后。田氏汉初徙奉园陵者故多以次第为氏。""后汉司空第五伦，字伯鱼，生颉，将作大监匠。""第八"："《风俗通》，亦齐诸田之后。田广弟英为第八门，因氏焉。"卷六"五里"："其先齐诸田，汉武帝徙之诸陵，以门秩次第为族。田广孙田登为第二氏。"

名与字

古人有名有字。旧说上古婴儿出生三月后由父亲命名。男子二十岁成人举行冠礼(结发加冠)时取字，女子十五岁许嫁举行笄礼(结发加笄)时取字。名和字有意义上的联系。例如屈原，名平，字原。(《尔雅·释地》:"广平曰原。")又如颜回，字子渊。(《说文》:"渊，回水也。"回是旋转的意思。)有的名和字是同义词，例如宰予字子我，樊须字子迟。(须和迟都有待的意思。)有的名和字是反义词，例如曾点，字皙。(《说文》:"点，小黑也。"引申为污的意思。又:"皙，人色白也。")有时候我们看不出名和字的联系，这主要是因为语义变迁的缘故。

周代贵族男子字的前面加伯仲叔季表示排行，字的后面加"父"或"甫"字表示性别，这样构成男子字的全称。例如:

伯禽父　　　仲山甫　　　仲尼父　　　叔兴父

有时候省去"父(甫)"字，例如:

伯禽　　　　仲尼　　　　叔向　　　　季路

有时候省去排行，例如:

禽父　　　　尼父　　　　羽父

有时候以排行为字，例如管夷吾字仲，范雎字叔，鲁公子友字季，不过这种情况比较少见。

　　周代贵族女子字的前面加姓，姓的前面加孟(伯)仲叔季表示排行，字的后面加"母"或"女"字表示性别，这样构成女子字的全称，例如孟妊车母(见铸公簠铭文)，中姞义母(见仲姞匜铭文，中即仲字)，等等。有时候省去"母"字，例如季姬牙(见鲁大宰原父盘铭文)；有时候省去排行，例如姬原母(见应侯簋铭文)；有时候单称"某母"或"某女"，例如寿母(见鲁生鼎铭文)，帛女(见帛女禹铭文)。但是最常见的是在姓上冠以排行，例如孟姜、叔姬、季芈，等等(见前)。

　　春秋时男子取字最普通的方式是在字的前面加上"子"字，这是因为"子"是男子的尊称。例如：

子产(公孙侨)	子犯(狐偃)	子胥(伍员)
子渊(颜回)	子有(冉求)	子夏(卜商)
子我(宰予)	子贡(端木赐)	

这个"子"字常常省去，直接称颜渊、冉有、宰我，等等。

补订：

六朝时，名后多带"子"字。陈寅恪《崔浩与寇谦之》引《魏书·释老志》及《北史·寇赞传》说："此传载谦之之名少一'之'字，实非脱漏，盖六朝天师道信徒之以'之'字为名者颇多，'之'字在其名中，乃代表其宗教信仰之意，如佛教徒之以'昙'或'法'为名者相类。东汉及六朝人依公羊春秋讥二名之义，惯用单名。故'之'字非特专之真名，可以不避讳，亦可省略。六朝礼法士族最重家讳，如琅琊王羲之献之父子同以'之'为名，而不以为嫌犯，是其最显著之例证也。"(《陈寅恪先生论文集》上册)

　　这种影响一直延续到唐代，对名和字的关系也产生影响。如杜牧字牧之(见《全唐诗》卷五二〇)，萧祐字祐之(见《全唐诗》卷三一八、《旧唐书·萧祐传》)，柳璨字炤之（见《全唐文》卷八三〇），杨发字至之（见《全唐诗》卷五一七），杨凭字虚之（见《全唐诗》卷七九五），杨收字藏之（见《全唐诗》卷五一七）。

附带说一说，古人名字连着说的时候，通常是先称字，后称名。例如孟明（字）视（名）、孔父（字）嘉（名）、叔梁（字）纥（名），等等。

古人尊对卑称名，卑自称也称名；对平辈或尊辈则称字。试以《论语》为例。孔子自称为丘，这是谦称。孔子对弟子称名。例如：

求，尔何如？（《论语·先进》）

赤，尔何如？（《论语·先进》）

弟子自称也称名，例如：

由也为之，比及三年……（《论语·先进》）

求也为之，比及三年……（《论语·先进》）

弟子当着老师称呼其他弟子也称名，例如：

夫子何哂（shěn）由也？（《论语·先进》）

记录《论语》的人对孔门弟子一般都称字，例如：

颜渊、季路侍。（《论语·公冶长》）

子路、曾皙、冉有、公西华侍坐。（《论语·先进》）

只有对曾子称子不称字，对有若也有一次称子不称字，所以有人推想

汉代以后，也可以名在前，字在后。例如《汉书》卷七十二有唐林（名）子高（字）、唐尊（名）伯高（字）；又王安石《游褒禅山记》有萧君圭（名）君玉（字）等。

称字不是最尊敬的方式，最尊敬的方式是不称名也不称字。例如孔子，在《论语》二十篇中只有《子张》篇称孔子为仲尼。

《论语》是曾子和有若的门人所记的。直到后代称名、称字基本上还是依照这个标准。

后人通常用两个字为字，例如诸葛亮字孔明，陆机字士衡，鲍照字明远，等等。除名和字外，还有别号（别字）。别号和名不一定有意义上的联系。这大致可以分为两类：第一类是三个字以上的别号，例如葛洪自号抱朴子，陶潜自号五柳先生，苏轼自号东坡居士；第二类是两个字的别号，例如王安石字介甫，别号半山，陆游字务观，别号放翁。两个字的别号和字在应用上没有什么显著的区别，甚至不大称字，反而以称号为常（如陆放翁）。三个字以上的别号有时候也可以压缩为两个字，例如苏东坡。

后来有人以为称字称号还不够尊敬，于是称官爵，称地望（出生地或住地），例如杜甫被称为杜工部，王安石被称为王临川。

补订：

地望与出生地和住地有所不同。魏晋时期实行九品中正制，士族大姓垄断地方选举等权力，一姓与其所在郡县相联系，称为地望，又称郡望。唐人多称郡望。如韩愈称为韩昌黎，《旧唐书》本传称其"昌黎人"，他人及本人也称其"昌黎韩愈"，但韩愈本贯实为河南河阳（今河南孟州市），昌黎为韩愈依附之郡望。又柳宗元称为柳河东，《旧唐书》本传称其"河东人"。河东（今山西永济）实为柳宗元祖贯，柳宗元高祖已徙长安，本人长于长安。《柳宗元集》卷二二《送独孤申叔侍亲往河东序》说："河东，古吾土也，家世迁徙，莫能就绪。闻其间有大河、条山，气盖关左，文士往往仿佯临望，坐得胜概焉。吾固翘翘褰裳，奋怀旧都，日以滋甚。"

古人还以居官地称呼其人。如南朝柳恽曾为吴兴太守，后世称"柳吴兴"；唐代柳宗元曾为柳州刺史，世称"柳柳州"；韦应物曾为苏州刺史，世称"韦苏州"；吕温曾为衡州刺史，世称"吕衡州"；宋代王禹偁(chēng)晚年出知黄州，称"王黄州"。

此外，唐代诗文还常常见到以排行相称，或以排行和官职连称，例如白居易被称为白二十二，李绅被称为李二十侍郎。唐代女子也有被称为廿几娘的。这种排行是按照同曾祖兄弟的长幼次序来排算的，并不是同父所生的兄弟排行，这是值得注意的。

谥号

古代帝王、诸侯、卿大夫、高官大臣等死后，朝廷根据他们的生平行为给予一种称号以褒贬善恶，称为谥或谥号。据说谥号是死者生前事迹和品德的概括，其实，这往往是虚伪的，不符合事实的。但是一个人有了谥，就等于在名字之外又多了一个别名了。

谥法是给予谥号的标准。谥号是固定的一些字，这些字被赋予特定的含义，用来指称死者的美德、恶德等。谥号大致可以分为三类：

（1）表扬的，例如：

经纬天地曰文　　布义行刚曰景

威强睿德曰武　　柔质慈民曰惠

圣闻周达曰昭　　圣善闻周曰宣

行义悦民曰元　　安民立政曰成

布纲治纪曰平　　照临四方曰明

辟土服远曰桓　　聪明睿知曰献

温柔好乐曰康　　布德执义曰穆

（2）批评的，例如：

乱而不损曰灵　好内远礼曰炀　杀戮无辜曰厉

"灵"是无道昏君的谥号，所谓"乱而不损"，只是带着隐讳的说法。晋灵公不君，所以谥为灵公。

（3）同情的，例如：

恭仁短折曰哀　在国遭忧曰愍　慈仁短折曰怀

上古谥号多用一个字，也有用两三个字的，例如：

周平王　　　郑武公　　　齐桓公　　　秦穆公

魏安釐王　　赵孝成王　　贞惠文子

后世谥号除皇帝外，大多用两个字，例如：

宣成侯(霍光)　　　　忠武侯(诸葛亮)

文忠公(欧阳修)　　　武穆王(岳飞)

此外还有私谥，这是有名望的学者死后其亲友门人所加的谥号。例如东汉时陈寔死后，海内外赴吊者三万余人，谥为文范先生；晋代陶渊明死后，颜延年为他作诔，谥号靖节徵士；宋代张载死后，门人谥号明诚夫子。

封建皇帝在谥号前面还有庙号。从汉代起，每个朝代的第一个皇帝一般称为太祖、高祖或世祖，以后的嗣君则称为太宗、世宗等等。举例来说，汉高祖的全号是太祖高皇帝，汉文帝的全号是太宗孝文皇帝（汉惠帝以后一律加一个"孝"字，算是谥号的一部分），汉武帝的全号是世宗孝武皇帝，魏文帝的全号是世祖文皇帝，隋文帝的全号是高祖文皇帝，等等。

嗣君也有称世祖、太祖的，这有别的原因，这里没有必要叙述。又，汉代不是每个皇帝都有庙号的，要"有功""有德"的才被称为"祖""宗"。南北朝时称"宗"已滥，到唐代就无帝不"宗"了。

从唐代起，皇帝还有尊号，这是生前奉上的。（尊号起于唐武后、中宗之世。见司马光《司马文正集》中的《请不受尊号札子》。）例如唐玄宗开元二十七年（739）受尊号为开元圣文神武皇帝，宋太祖乾德元年（963）受尊号为应天广运仁圣文武至德皇帝。尊号可以上好几次，都是尊崇褒美之词，实际上是阿谀奉承。也有死后上尊号的，例如唐高宗死后，到天宝十三载（754）上尊号为神尧大圣大光孝皇帝。这种死后所加的尊号也可以说是谥号，这样，谥号的字数就加多了。唐以前对殁世的皇帝简称谥号（如汉武帝、隋炀帝），不称庙号；唐以后由于谥号加长，不便称呼，所以改称庙号（如唐玄宗、宋太祖）。

帝后也有尊号，后来称为徽号。例如清
代同治尊自己的生母那拉氏为圣母皇太后，
上徽号曰慈禧。徽号可以每逢庆典累加，所
以那拉氏的徽号积累有慈禧等十六个字。

补订：

《唐会要》卷一帝号上："太宗文武大圣大广孝皇帝讳世民。……谥曰
文皇帝，庙号太宗。……咸亨五年八月十五日，追尊太宗文武圣皇帝。天
宝八载六月十五日，加尊太宗文武大圣皇帝。十三载二月九日，加尊太宗
文武大圣大广孝皇帝。"又："元（玄）宗至道大圣大明孝皇帝讳隆基。……
先天二年十一月，上尊号开元神武皇帝。开元二十七年二月七日，加尊号
开元圣文神武皇帝。天宝元载二月十一日，又加尊号开元天宝圣文神武
皇帝。七载五月十三日，又加尊号开元天宝圣文神武应道皇帝。八载闰
六月五日，又加尊号开元天地大宝圣文神武应道皇帝。十二载十二月七
日，又加尊号开元天地大宝圣文神武孝德证道皇帝。……乾元元年正月
五日，加尊号太上至道圣皇天帝。……谥曰至道大圣大明孝皇帝。"

年号

年号，是封建皇帝纪年的名号。年号是从汉武帝开始有的，汉武帝即位的一年(公元前140)称为建元元年，第二年称为建元二年，等等。新君即位必须改变年号，称为"改元"。同一皇帝在位时也可以改元，例如汉武帝曾经改元为元光、元朔、元狩、元鼎、元封、太初、天汉、太始、征和(有人说征和当作延和，形近而误)等。明清两代的皇帝基本不改元，因此有可能用年号来称谓皇帝，例如明世宗被称为嘉靖皇帝，清高宗被称为乾隆皇帝，等等。

补订：

唐高宗李治改年号频繁，在位时间为649年至683年，年号有永徽(650—655)、显庆(656—661)、龙朔(661—663)、麟德(664—665)、乾封(666—668)、总章(668—670)、咸亨(670—674)、上元(674—676)、仪凤(676—679)、调露(679—680)、永隆(680—681)、开耀(681—682)、永淳(682—683)、弘道(683)。唐代也有皇帝不改或未改年号的，如宪宗(元和)、穆宗(长庆)、敬宗(宝历)、宣宗(大中)、懿宗(咸通)。

改元这一年可有两个年号，如唐贞元二十一年(805)正月，德宗崩，顺宗即位。八月，顺宗禅位，宪宗即位，改贞元二十一年为永贞元年，则贞元二十一年又称永贞元年。

避讳

最后简单地谈谈避讳的问题。

所谓避讳就是不直称君主或尊长的名字，凡遇到和君主尊长的名字相同的字面，则用改字、缺笔等办法来回避，其结果往往造成语文上的若干混乱。试举一些例子：

汉高祖名邦，"邦"改为"国"。《论语·微子》"何必去父母之邦"，汉石经残碑作"何必去父母之国"。

汉文帝名恒，"恒"改为"常"。恒山被改为常山。

唐太宗名世民，"世"改为"代"或改为"系"，"民"改为"人"。"三世"称为"三代"，《世本》改称《系本》，柳宗元《捕蛇者说》把"民风"写成"人风"。

唐高宗名治，"治"改为"理"，或改为"持"或"化"。韩愈《送李愿归盘谷序》把"治乱不知"写成"理乱不知"，李贤把《后汉书·曹褒传》"治庆氏礼"改成"持庆氏礼"，把《后汉书·王符传》"治国之日舒以长"改成"化国之日舒以长"。

清圣祖（康熙）名玄烨，"玄"改为"元"，"烨"改为"煜"。我们读清人著作或清刻的古书时应该注意，许多地方本来应该是玄字的，如玄鸟、玄武、玄黄等，都写成了元。

补订：

汉宣帝名询，"荀子"改为"孙卿子"。

汉光武帝名秀，"秀才"改为"茂才"。

晋武帝名昭，"王昭君"改为"王明君""明妃"。

刘渊字元海，名犯唐高祖李渊讳，故《晋书》称其字。

韩擒虎，唐人因高祖李渊祖名虎，避讳省"虎"字，故《隋书》中"韩擒虎"作"韩擒"。

隋代定尚书省六部为吏、民、礼、兵、刑、工部，唐避太宗讳，改民部为户部。

以上是避君讳的例子。此外，文人还避家讳。例如：

淮南王安的父亲名长，"长"改为"修"。《老子》"长短相形"，《淮南子·齐俗训》引改为"短修相形"。

苏轼的祖父名序，苏洵文章改"序"作"引"，苏轼为人作序又改用"叙"字。

补订：

《后汉书》作者范晔，范晔父名泰，故《后汉书》改"郭泰"为"郭太"，《后汉书·郭太传》不称其名，而称其字林宗。

《朝野佥载》卷四记载："苏颋年五岁，裴谈过其父。颋方在，乃试诵庾信《枯树赋》，将及终篇，避'谈'字，因易其韵曰：'昔年移树，依依汉阴。今看摇落，凄凄江浔。树犹如此，人何以任。'谈骇叹久之，知其他日必主文章也。"《枯树赋》原文："昔年种柳，依依汉南。今看摇落，凄怆江潭。树犹如此，人何以堪？"

　　上古不讳嫌名。所谓嫌名是指和君主或尊长的名字音同或音近似的字。例如汉和帝名肇，"肇""兆"同音，由于不讳嫌名，所以不改变"京兆"字。三国以后渐渐避嫌名了，隋文帝的父亲名忠，因为"忠""中"同音，所以连带避"中"字，"中"改为"内"，官名"中书"改为"内史"，就是讳嫌名的例子。

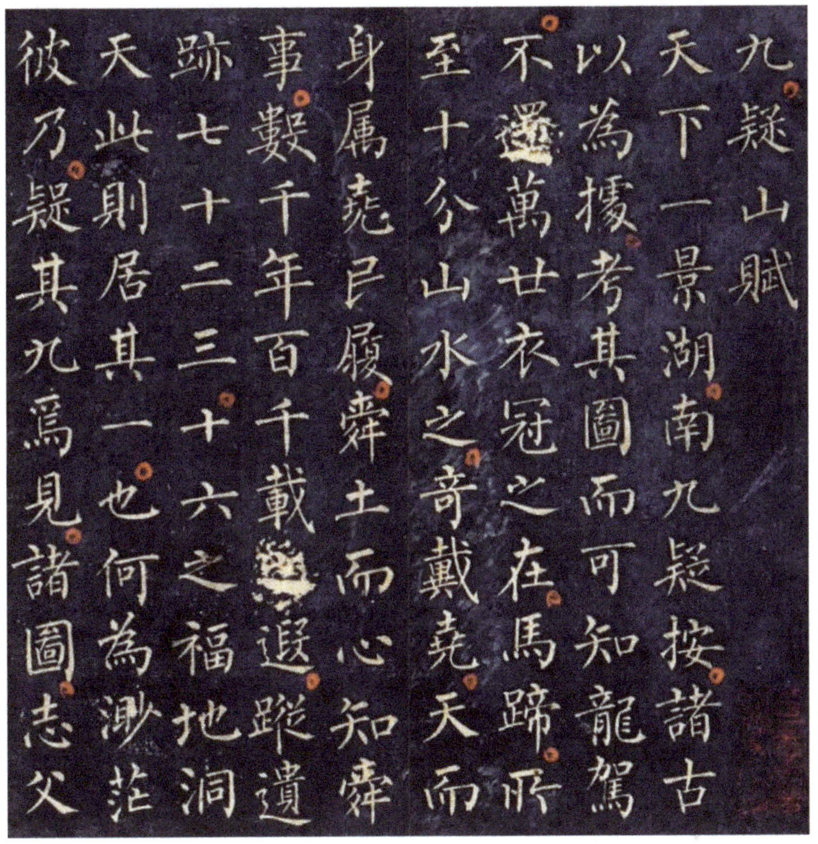

唐　柳公权小楷《九疑山赋》（局部），文中"世""民"缺笔

由于避讳，甚至改变别人的名或姓。汉文帝名恒，春秋时的田恒被改称田常；汉景帝名启，微子启被改称微子开；汉武帝名彻，蒯彻被改称蒯通；汉明帝名庄，庄助被改称严助。刘知几著《史通》，后人因避庙玄宗李隆基讳（基几同音），改为刘子玄所著（子玄是刘知几的字）。到了清代，为了避清圣祖讳，又恢复刘知几著，但是当提到刘子玄的时候，则改称刘子元，地名、官名等也有不少由于避讳而改变的，这里不一一举例了。

以上说的是避讳改字，至于避讳缺笔，则是到唐代才有的。例如避唐太宗李世民讳，"世"字作"卅"；避宋真宗赵恒讳，"恒"字作"恒"；避清世宗讳，"胤"字作"胤"；避清宣宗讳，"宁"字作"寍"；避孔子讳，"丘"字作"丘"，等等。

避讳图例

第八章

礼俗

　　礼俗是社会的上层建筑，它是和社会
的经济基础相适应的。奴隶社会有奴隶社
会的礼俗，封建社会有封建社会的礼俗。
在古代社会中，统治阶级所提倡的礼俗是
维护统治阶级利益的，在今天看来，许多不
合理的繁琐的礼俗和吃人的礼教，在当时
都是为了巩固统治阶级的统治的。在这个
题目下，我们不能全面叙述上古的礼俗，只
能谈谈几个重要的方面。

阶级、阶层

尧舜禅让的传说与原始公社制的阶段相符合；夏禹不传贤而传子，可以认为原始公社制的瓦解。夏代是否已经达到奴隶制，还不得而知。至于殷代，可以确实断定是奴隶社会了。

依照古代史的研究者的一般结论，最初所谓"众""奚""仆""臣""妾"都是奴隶。臣是男奴隶，妾是女奴隶。周初的社会还存在着大量的奴隶，周天子常常拿奴隶赏赐给他的大臣。奴隶有在室内劳动的，但是他们的主要劳动还是农业生产。有人说《诗经·周颂·噫嘻》说的"亦服尔耕，十千维耦"指的就是两万奴隶在那里耕田。《尚书·牧誓》说到"臣妾逋逃"是指的奴隶逃亡。

周代的奴隶还可以像牛马一样在市场上贩卖。《周礼·地官·质人》："质人掌成市之货贿人民牛马兵器珍异。"郑玄注："人民，奴婢也。"贩卖成交后，要订立合同。这种合同叫作"质剂"。依郑玄说：人民牛马的合同叫"质"，兵器珍异的合同叫"剂"。

奴隶还可以被当作牲畜来屠杀，这表现在上古的殉葬制度上。《墨子·节葬下》："天子杀殉，众者数百，寡者数十；将军大夫杀殉，众者数十，寡者数人。"在殷代，这话完全合乎事实。到了周代，虽然此风稍衰（这不是由于仁慈，而是由于人力可贵），但是在某些国度仍然是盛行的。例如秦国，据《史记·秦本纪》所载，秦武公葬时，从死者六十六人，秦穆公葬时，从死者一百七十七人（包括《诗经·秦风·黄鸟》所悼念的"三良"在内）。又据《史记·秦始皇本纪》所载，秦始皇葬时，秦二世令后宫（妃嫔等）无子者一律"从死"，"死者甚众"，而且把工匠都关闭在陵墓里。古代统治阶级的这种淫威，至今还令人发指。

秦始皇陵兵马俑坑

补订：

《史记·秦本纪》记载："(秦武公)二十年，武公卒，葬雍平阳。初以人从死，从死者六十六人。""(秦武公)三十九年，缪公(穆公)卒，葬雍。从死者百七十七人，秦之良臣子舆氏三人名曰奄息、仲行、针虎，亦在从死之中。秦人哀之，为作歌《黄鸟》之诗。"

《诗经·黄鸟》：

> 交交黄鸟，止于棘。谁从穆公？子车奄息。维此奄息，百夫之特。临其穴，惴惴其栗。彼苍者天，歼我良人！如可赎兮，人百其身！
> 交交黄鸟，止于桑。谁从穆公？子车仲行。维此仲行，百夫之防。临其穴，惴惴其栗。彼苍者天，歼我良人！如可赎兮，人百其身！
> 交交黄鸟，止于楚。谁从穆公？子车针虎。维此针虎，百夫之御。临其穴，惴惴其栗。彼苍者天，歼我良人！如可赎兮，人百其身！
> 《毛传》："《黄鸟》，哀三良也。国人刺穆公以人从死，而作是诗也。"

《战国策》卷四：秦宣太后爱魏丑夫。太后病将死，出令曰："为我葬，必以魏子为殉。"魏子患之。庸芮为魏子说太后曰："以死者为有知乎？"太后曰："无知也。"曰："若太后之神灵，明知死者之无知矣，何为空以生所爱，葬于无知之死人哉！若死者有知，先王积怒之日久矣，太后救过不赡，何暇乃私魏丑夫乎？"太后曰："善。"乃止。

宣太后即秦惠王之妃，秦昭王之母，"先王"即秦惠王。

奴隶和奴隶主是两个相对抗的阶级。商代的奴隶主是贵族，总称为"百姓"，商王是贵族最高的代表，自称为"余一人"。《论语·尧曰》引《尚书·泰誓》的话说："百姓有过，在予一人。"可见周初还这样称呼。后来百姓成为民的同义词。民在古代又称为黎民，秦国则称为黔首。

百姓，金文写作"百生"。后来周人称商的贵族为"殷多士"。

"余一人"见于甲骨文，古书上写作"予一人"。

商代王位的继承是兄终弟及，无弟然后传子。周代王位由嫡长子世袭，余子分封为诸侯（也有异姓功臣封为诸侯的）。诸侯的君位也由嫡长子继承，余子分封为卿大夫。诸侯受封国于天子，卿大夫受采邑于诸侯。卿大夫下面是士（大体是大夫的宗族），士受禄田于卿大夫。周天子有天下，诸侯有国，卿大夫有家。家是卿大夫统治的区域，担任家的官职的通常是士，称为家臣。孔子的学生冉有、季路就担任过季康子的家臣。

补订：

《史记·仲尼弟子列传》："冉求字子有，少孔子二十九岁。为季氏宰。季康子问孔子曰：'冉求仁乎？'曰：'千室之邑，百乘之家，求也可使治其赋。仁则吾不知也。'"《集解》："孔安国曰：'千室，卿大夫之邑。卿大夫称家。诸侯千乘，大夫故曰百乘。'"又："子路为季氏宰，季孙问曰：'子路可谓大臣与？'孔子曰：'可谓具臣矣。'"

　　《左传·昭公七年》说："王臣公，公臣大夫，大夫臣士。"这样，形成统治阶级内部的各级阶层。春秋以前士是武士，有义务"执干戈以卫社稷"；春秋以后士是文士，士逐渐成了统治阶级知识分子的通称。

　　士的下面是庶人，又称庶民。西周时庶人虽然还是用来封赐的对象，但是庶人的身份比奴隶为高，以后庶人就逐渐成为个体农民了。《荀子·王制》篇说："君者，舟也；庶人者，水也。水则载舟，水则覆舟。"可见庶人的向背直接关系到上层统治阶级的安危。

　　君子、小人也是两个相对立的概念。最初君子是贵族统治阶级的通称，小人是被统治阶级的通称，后来以所谓有德无德来区别君子和小人。统治阶级的阶级偏见影响到词义的发展。

冠礼

据近人研究，氏族社会的男女青年到达成熟期后必须参加"成丁礼"才能成为氏族公社的正式成员，才能享受应有的权利和履行应尽的义务。周代的冠礼（加冠仪式）就是由这种"成丁礼"变化来的。

周代贵族男子二十岁时由父亲在宗庙里主持冠礼。行礼前先筮日（选定加冠的日期）、筮宾（选定加冠的来宾）。行礼时由来宾加冠三次：先加缁布冠，表示从此有治人的特权；次加皮弁（biàn），表示从此要服兵役；最后加爵弁，表示从此有权参加祭祀。来宾敬酒后，去见母亲，又由来宾取"字"，然后去见兄弟姑姊，最后戴礼帽穿礼服带礼品去见国君、卿大夫和乡先生。主人向来宾敬酒赠礼品后，礼成。

> 缁布冠是用黑麻布做的冠，皮弁是用白鹿皮做的，爵弁是赤黑色的平顶帽子，是祭祀时戴的。

贵族男子二十岁结发加冠后可以娶妻，贵族女子十五岁许嫁时举行笄礼后结发加笄。所谓结发，就是在头顶上盘成发髻（区别于童年的发式），表示年届"成人"，可以结婚了。《文选》卷二十九苏武诗说"结发为夫妻，恩爱两不疑"，可见这种风俗流传很久。

补订：

《史记·李将军列传》："且臣结发而与匈奴战，今乃一得当单于。"又："广结发与匈奴大小七十余战，今幸从大将军出接单于兵。"此之"结发"指成年。

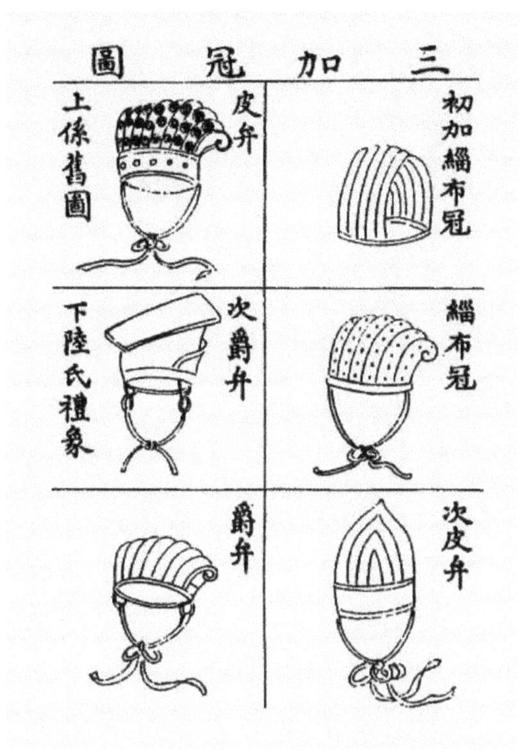

宋　佚名《家山图书》所载《三加冠图》

婚姻

"婚姻"有两个意思：一个意思是指男娶女嫁结为夫妻这件事情，另一个意思指结婚男女双方的父母。《说文》说："妇家为婚，婿家为姻。"婚是女方的父母，姻是男方的父母。"约为婚姻"的意思就是"结为儿女亲家"。

也有人认为婚、姻仅指结婚双方的父亲，不包含母亲。

补订：

《史记·项羽本纪》："项伯即入见沛公。沛公奉卮酒为寿，约为婚姻。"

春秋时代，诸侯娶一国之女为妻（嫡夫人），女方以姪（兄弟之女）娣（妹妹）随嫁，此外还有两个和女方同姓的国家送女儿陪嫁，亦各以姪娣相从，这统称为"媵"。嫡夫人是正妻，媵是非正妻。媵的地位和妾不同，妾被认为是贱妾，是婢人，而媵的身份还是比较尊贵的。战国时代就没有媵的制度了。

古代女子出嫁曰"归"。《说文》说："归，女嫁也。"《诗经·周南·桃夭》："之子于归，宜其室家。"可见出嫁的女子以男家为家。《白虎通·嫁娶》说：

"嫁者，家也。"可见"嫁"字本身就意味着"有家"。《白虎通·嫁娶》又说："娶者，取也。"《说文》也说："娶，取妇也。"《周易》和《诗经》就写成"取"，这表示男子把别家的女儿取到自己家里来。男尊女卑的风俗，由嫁娶两字就可以证明。嫁对于女子来说是被动的，古代只说"嫁女"或"嫁妹"，不说"嫁夫"，可见嫁的权操在父兄之手。娶，对于男子来说是主动的，所以古代常说"娶妻""娶妇"（妇就是妻）。

《诗经》两次歌咏"娶妻如之何？匪媒不得。"（见《齐风·南山》《豳风·伐柯》，后者少一个"之"字。）媒在古代婚姻中的作用非常大，多少青年男女的命运掌握在媒人的手里。

古代的婚姻，据说要经过六道手续，叫作六礼：第一是纳采，男家向女家送一点小礼物（一只雁），表示求亲的意思；第二是问名，男家问清楚女子的姓氏，以便回家占卜吉凶；第三是纳吉，在祖庙卜得吉兆以后，到女家报喜，在问名纳吉时当然也要送礼；第四是纳征，这等于宣告订婚，所以要送比较重的聘礼，即致送币帛；第五是请期，这是择定完婚吉日，向女家征求同意；第六是亲迎，也就是迎亲。

六礼之中，纳征和亲迎最为重要。《诗经·大雅·大明》"文定厥祥，亲迎于渭"，旧说是周文王卜得吉兆纳征订婚后，亲迎太姒于渭滨。后世以"文定"作为订婚的代称。《礼记·昏义》谈到亲迎后新郎新娘"共牢而食，合卺（jǐn）而酳（yìn）"。后世夫妇成婚称为"合卺"，就是从这里来的。

以上所说的六礼当然只是为贵族士大夫规定的，一般庶民对这六礼往往精简合并。

以一瓠分为两瓢谓之卺，新郎新娘各执一瓢而酳（用酒漱口），称为合卺。后代合卺变为交杯，新郎新娘换杯对饮（只做个样子）。

明　点翠嵌珠石金龙凤冠（孝靖皇后凤冠）

丧葬

人将死时叫作"属纩（zhǔ kuàng）"（《礼记·丧大记》）。属是放置的意思，纩是新絮。新絮很轻。据说古人把新絮放在临终的人的口鼻上，试看是否断气。这不一定成为风俗，至多也只是个别地方的风俗罢了，但是"属纩"却成为临终的代称。

古人初死，生人要上屋面向北方为死者招魂，这叫作"复"，意思是招唤死者的灵魂回复到身体。复而不醒，然后办理丧事。

古人死后，要给他沐浴，这在《礼记·丧大记》里有记载。这个风俗持续到后世，《晋书·王祥传》记载王祥将死戒其子曰："气绝但洗手足，不须沐浴。"可见一般人死后是要沐浴的。

死后有"敛"（殓）的仪式。有小敛，有大敛。小敛是给尸体裹上衣衾，越是贵族，衣衾越多。大敛则是把尸体装进棺材。敛时死人口里须饭含，所以《战国策·赵策》讲到"邹鲁之臣，生则不得事养，死则不得饭含"。

事养，侍奉供养。饭是把米放在死者口里。"含"又写作"琀"，是把玉放在死者口里。极言邹鲁之贫弱，以致国君生时不能侍养，死后也无力备饭含的东西。

入殓后，停丧待葬叫作"殡"。《论语·乡党》："朋友死，无所归，曰：于我殡。"孔子的意思是说："就在我家里停柩吧！"《左传·僖公三十二年》："冬，晋文公卒。庚辰，将殡于曲沃。"这是说把晋文公的灵柩送到曲沃停丧，还不是葬。据《春秋》《左传》，次年四月才葬晋文公的。后世所谓出殡是把灵柩送到埋葬的地方去。

贵族出葬时还有许多排场，这里没有必要叙述。

送葬的规矩是白衣执绋。绋是拉柩车的绳子，执绋的原意是亲友们帮助拉车，实际上只有形式。后来出殡，在送殡人的行列的两旁拉两根带子，那就是执绋的遗制。

挽歌据说最初是挽柩的人唱的。古乐府相和曲中的《薤露》《蒿里》都是挽歌，陶渊明有《挽歌》诗三首，后世的挽联(輓联)就是从挽歌演变来的。

补订：

崔豹《古今注》："《薤露》《蒿里》，并丧歌也。出田横门人。横自杀，门人伤之，为之悲歌。言人命如薤上之露，易晞灭也，亦谓人死魂魄归乎蒿里，故有二章。一章曰：'薤上朝露何易晞，露晞明朝还复滋，人死一去何时归。'其二曰：'蒿里谁家地？聚敛魂魄无贤愚，鬼伯一何相催促，人命不得少踟蹰。'至孝武时，李延年乃分为二曲。《薤露》送王公贵人，《蒿里》送士大夫庶人。使挽柩者歌之，世呼为挽歌。"

下面说到葬。

上文说过，殷代奴隶主有人殉的制度。后世知道人力可贵，改以"俑"来代替。俑是人偶，有木俑、土俑。后来孔子还反对用俑，孟子说："仲尼

曰：'始作俑者，其无后乎！'为其象人而用之也。"(《孟子·梁惠王上》)

从殷代到战国，统治阶级还把生前使用的车马带到墓里去。其他随葬的物品是多方面的，包括青铜制的饮食器、兵器、乐器等，玉制、骨制的装饰品以及其他什物。越是贵族，随葬品就越多越精美。也有一些专为随葬而作的"明器"（伴葬的器物）。汉代日常生活中的东西，被仿制成陶土模型随葬，明器的象征性就更加明显了。

上古贵族统治阶级的墓里大多有椁（槨），椁是外棺，主要是用来保护棺材的，有的竟有三四重之多。《论语·先进》说，孔子的儿子孔鲤死后，"有棺而无椁"，可见椁不是一般人所能具备的。

以上所说的只是贵族士大夫的丧葬，至于庶人的丧葬，那完全是另一回事。即使是最节俭的丧葬，对于"匹夫贱人"来说，已经是"殆竭家室"。庶人死了至多只能"稿葬"（草草安葬），如果遇着饥荒的年头，就只好饿死以填沟壑了。

《礼记·檀弓上》说："古也墓而不坟。"根据现代田野考古工作报告，我们知道殷代和西周的墓都还没有坟堆，后来在墓上筑起坟堆，主要是作为墓的标志，其次是为了增加盗墓的困难。

先秦文献有合葬的记载。例如《诗经·王风·大车》说："死则同穴。"《礼记·檀弓上》记载孔子将其父母合葬于防。现代田野考古发现一座战国墓中有一椁两棺的结构，考古工作者认为，夫妇合葬的普遍流行是西汉中叶以后的事。《孔雀东南飞》说："两家求合葬，合葬华山傍，东西植松柏，左右植梧桐。"仲长统《昌言》说："古之葬者，松柏梧桐以识其坟也。"这风俗也流传很久。

补订：

葬地植松柏多见于前代诗文等。《古诗十九首》其十三云："驱车上东门，遥望郭北墓。白杨何萧萧，松柏夹广路。"《文选》李善注引仲长子《昌言》："古之葬者，松柏梧桐，以识其坟也。"其十四："去者日以疏，来者日以亲。出郭门直视，但见丘与坟。古墓犁为田，松柏摧为薪。白杨多悲风，萧萧愁杀人。思还故里闾，欲归道无因。"《世说新语·任诞》："张湛好于斋前种松柏。时袁山松出游，每好令左右作挽歌。时人谓'张屋下陈尸，袁道上行殡'。"

关于丧服，留到下文"宗法"里讨论。

唐　彩绘侏儒男俑

第九章

宗法

　　宗法是以家族为中心，根据血统远近区分嫡庶亲疏的一种等级制度。这种制度巩固了统治阶级的世袭统治，在封建社会中长期被保存下来，为封建制度服务。下面把有关中国古代宗法制度的一些主要的知识分四方面加以叙述。

族昭穆制度

族，表示亲属关系。《尚书·尧典》："克明俊德，以亲九族。"依旧说，九族指的是高祖、曾祖、祖、父、自己、子、孙、曾孙、玄孙，这是同姓的族。（九族还有别的说法，这里不讨论。）九族之外，有所谓三族。三族有三说：（1）父子孙为三族；（2）父母、兄弟、妻子为三族；（3）父族、母族、妻族为三族。

古代一人"犯罪"，常常牵连到亲属也被杀戮。《史记·秦本纪》载，秦文公二十年（公元前746）"法初有三族之罪"，依张晏说，这里的三族指父母、兄弟、妻子。（如淳认为指父族、母族、妻族。）《史记·魏其武安侯列传》："使武安侯在者，族矣！"族是族诛的意思。后世所谓诛九族，包括从高祖到玄孙的直系亲属，以及旁系亲属中的兄弟、堂兄弟等，这是专治时代最惨无人道的刑罚。

周代贵族把始祖以下的同族男子逐代先后相承地分为"昭""穆"两辈，这是周代宗法和后世不同的一点。试从大王（古公亶父）算起，大王的下一代是大伯、虞仲和王季，这是昭辈；王季既属昭辈，则王季的下一代文王、虢仲和虢叔就是穆辈。以后各代依此类推，文王的下一代是武王，又是昭辈；武王的下一代是成王，又是穆辈。由此可见周代贵族用昭穆字样来区别父子两代，隔代的字辈相同。这种昭穆的分别，也体现在宗庙、墓冢和祭祀上，始祖居中，昭的位次在左，穆的位次在右。了解到这一点，就会知道《左传·僖公五年》所说的"大伯、虞仲，大王之昭也""虢仲、虢叔，王季之穆也"，不过是说大伯、虞仲是大王的下一代，虢仲、虢叔是王季的下一代。《左传·定公四年》说："曹，文之昭也；晋，武之穆也。"曹晋都是姬姓封国，这是说曹国的祖先是文王的儿子，晋国的祖先是武王的儿子。

大伯、虞仲，大王的长子、次子。大王于周为穆，穆生昭，故大王之子为昭。虢仲、虢叔，虢的开国祖，王季的次子和三子，文王的弟弟。王季于周为昭，昭生穆，故虢仲、虢叔为王季之穆。

大宗、小宗

  古代宗法上有大宗、小宗的分别。嫡长子孙这一系是大宗，其余的子孙是小宗。周天子自称是上帝的长子，其王位由嫡长子世袭，这是天下的大宗；余子分封为诸侯，对天子来说是小宗。诸侯的君位也由嫡长子世袭，在本国是大宗；余子分封为卿大夫，对诸侯来说是小宗。卿大夫在本族是大宗，余子为士，对卿大夫来说是小宗。士和庶人的关系也是这样。

  在宗法上，大宗比小宗为尊，嫡长子比其余诸子为尊。嫡长子被认为是继承始祖的，称为宗子。只有宗子才有主祭始祖的特权，才能继承特别多的财产，应该受到小宗的尊敬。《礼记·大传》说："尊祖故敬宗；敬宗，尊祖之义也。"这样，嫡长子的地位就显得特别高贵，对其余诸子来说，在家族上是以兄统弟，在政治上是以君统臣，这就抑止了统治阶层的内讧，巩固了贵族的世袭统治，所以历代的封建统治阶级都努力保存宗法制度。

亲属

中国宗法的特点是：（1）亲属关系拉得远；（2）亲属名称分得细，特别是先生后生要有不同的名称，如兄弟姊妹等。

父之父为祖，古称王父；父之母为祖母，古称王母。祖之父母为曾祖父、曾祖母；曾祖之父母为高祖父、高祖母。

子之子为孙，孙之子为曾孙，曾孙之子为玄孙，玄孙之子为来孙，来孙之子为昆孙，昆孙之子为仍孙，仍孙之子为云孙。

父之兄为世父（伯父），父之弟为叔父，简称为伯叔。世父叔父之妻称为世母（伯母）叔母（后来称为婶）。伯叔之子（堂兄弟）称为从父昆弟，又称为从兄弟，这是同祖父的兄弟。父之姊妹为姑。

父之伯叔称为从祖祖父（伯祖父、叔祖父），其妻称为从祖祖母（伯祖母、叔祖母），其子称为从祖父，俗称堂伯、堂叔，这是同曾祖的伯叔，其妻称为从祖母（堂伯母、堂叔母），堂伯叔之子称为从祖昆弟，又称为再从兄弟（从堂兄弟），这是同曾祖的兄弟。

祖父的伯叔是族曾祖父，称为族曾王父；其妻是族曾祖母，称为族曾王母。族曾祖父之子是族祖父，称为族祖王父。族祖父之子为族父。族父之子为族兄弟，这是同高祖的兄弟。

兄之妻为嫂，弟之妻为弟妇。兄弟之子为从子，又称为侄；兄弟之女为从女，后来又称侄女。《尔雅·释亲》："女子谓昆弟之子为侄。"《仪礼·丧服传》："谓吾姑者，吾谓之侄。"可见上古姑侄对称。兄弟之孙为从孙。

姊妹之子为甥，后来又称外甥。女之夫为女婿或子婿，后来省称为婿。

婿的本义是夫，女婿是女之夫。子在上古兼指儿子和女儿，子婿也是指女之夫。

父之姊妹之子女称为中表（表兄、表弟、表姊、表妹），中表是晋代以后才有的称呼。

母之父为外祖父，古称外王父，母之母为外祖母，古称外王母，外祖父之父母为外曾王父与外曾王母。母之兄弟为舅，母之姊妹为从母，母之从兄弟为从舅。母之兄弟姊妹之子女为从母兄弟与从母姊妹，后来也称为中表。

妻又称为妇。妻之父为外舅（岳父），妻之母为外姑（岳母）。妻之姊妹为姨。

夫又称为婿。夫之父为舅，又称为嫜。夫之母为姑。连称为舅姑或姑嫜。夫之妹为小姑（中古以后的称呼）。夫之弟妇为娣妇，夫之嫂为姒妇，简称为娣姒，又叫妯娌。

补订：

《全唐诗》卷五一五朱庆馀《近试上张水部》："洞房昨夜停红烛，待晓堂前拜舅姑。妆罢低声问夫婿，画眉深浅入时无。"

《全唐诗》卷三〇一王建《新嫁娘词三首》其一："三日入厨下，洗手作

宋　佚名《女孝经图卷》之《事舅姑章》

羹汤。未谙姑食性，先遣小姑尝。"

《全唐诗》卷二一七杜甫《新婚别》："妾身未分明，何以拜姑嫜？"

《全唐诗》卷三四八陈羽《古意》："姑嫜严肃有规矩，小姑娇憨意难取。"

妇之父母与婿之父母相谓为婚姻，分开来说，则妇之父为婚，婿之父为姻。两婿相谓为娅，后代俗称为连襟（襟兄、襟弟）。

在宗法社会、封建社会里，讲究父慈、子孝、兄友、弟恭，要求妇女讲究妇道。实际上，统治阶级自己并不遵守这些道德。弑父、杀兄等事，史不绝书。

嫡庶之分，在中国宗法社会里也是非常严格的。正妻称为嫡妻，嫡妻之子为嫡子。妾之子称为庶子。这是一种区别。长子为嫡子，非长子为众子，这又是一种区别。当然，所谓长子为嫡子，也必须是正妻之子。嫡庶之分，关系到承袭制度。《公羊传·隐公元年》："立嫡以长不以贤，立子以贵不以长。"根据这个原则，正妻所生的长子才合乎承袭的资格，妾媵所生的子即使年长，如果正妻有子，仍应由正妻之子承袭。这样的做法，据说可以不引起争端。但是由于争夺利益，统治阶级杀嫡立庶的事情也是史不绝书的。

补订：

《史记·鲁周公世家》："（文公）十八年二月，文公卒。文公有二妃：长妃齐女为哀姜，生子恶及视；次妃敬嬴，嬖爱，生子俀。俀私事襄仲，襄仲欲立之，叔仲曰不可。襄仲请齐惠公，惠公新立，欲亲鲁，许之。冬十月，襄仲杀子恶及视而立俀，是为宣公。哀姜归齐，哭而过市，曰：'天乎！襄仲为不道，杀适立庶！'市人皆哭，鲁人谓之'哀姜'。鲁由此公室卑，三桓彊。"襄仲即公子遂。"适"通"嫡"。三桓即鲁桓公之族仲孙、叔孙、季孙。

丧服

　　丧服是居丧的衣服制度。由于生者和死者亲属关系有亲疏远近的不同，丧服和居丧的期限也各有不同。丧服分为五个等级，叫作五服。五服的名称是斩衰(cuī，缞)、齐衰、大功、小功、缌麻。下面根据《仪礼·丧服》篇所记，分别加以叙述。

　　斩衰是五服中最重的一种。凡丧服上衣叫衰(披在胸前)，下衣叫裳。衰是用最粗的生麻布做的，衣旁和下边不缝边，所以叫作斩衰，斩就是不缝缉的意思。子为父、父为长子都是斩衰(诸侯为天子、臣为君也是斩衰)，妻妾为夫、未嫁的女子为父，除服斩衰外还有丧髻，这叫"髽(zhuā)衰"。斩衰都是三年丧(实际上是两周年)。

　　齐衰次于斩衰，这是用熟麻布做的。因为缝边整齐，所以叫作齐衰。《仪礼·丧服》篇载齐衰分为四等：(1)齐衰三年，这是父卒为母、母为长子的丧服；(2)齐衰一年，用杖(丧礼中所执的)，这叫"杖期"，这是父在为母、夫为妻的丧服；(3)齐衰一年，不用杖，这叫"不杖期"，这是男子为伯叔父母，为兄弟的丧服，已嫁的女子为父母、媳妇为舅姑(公婆)、孙和孙女为祖父母也是不杖期；(4)齐衰三月，这是为曾祖父母的丧服。

　　大功次于齐衰，这是用熟麻布做的，比齐衰精细些。功，指织布的工作。大功是九个月的丧服，男子为出嫁的姊妹和姑母、为堂兄弟和未嫁的堂姊妹都是大功，女子为丈夫的祖父母、伯叔父母，为自己的兄弟也是大功。

小功又次于大功，小功服比大功服更精细，是五个月的丧服。男子为从祖祖父（伯祖父、叔祖父）、从祖祖母（伯祖母、叔祖母）、从祖父（堂伯、堂叔）、从祖母（堂伯母、堂叔母）、从祖昆弟（再从兄弟）、从父姊妹（堂姊妹）、外祖父母都是小功，女子为丈夫的姑母姊妹，为娣妇、姒妇也是小功。

缌麻是五服中最轻的一种，比小功服更精细，丧期是三个月。男子为族曾祖父、族曾祖母、族祖父、族祖母、族父、族母、族兄弟、外孙（女之子）、

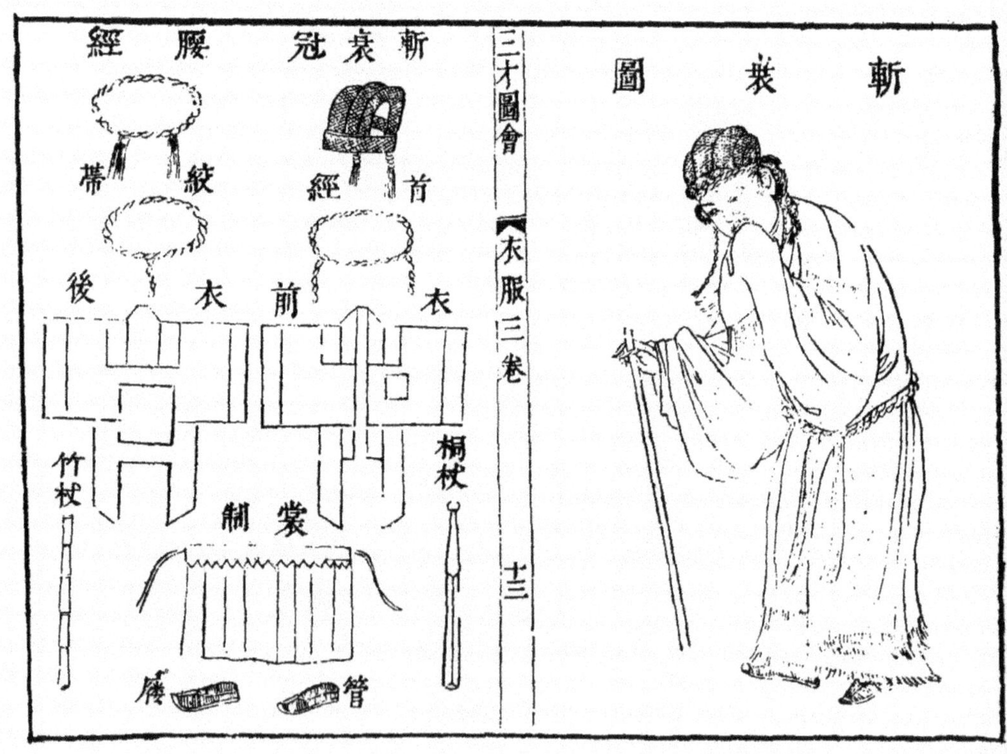

明　王圻《三才图会》衣服三卷《斩衰图》

外甥、婿、妻之父母、舅父等都是缌麻。

以上是《礼经》上所记的一套丧服制度。这套制度在当时虽然不见得全部实行，后世的丧服、丧期虽然也有所改变，但是从中我们可以看到以下三点：

第一，在丧期中可以看出重男轻女的情况。妻为夫居丧三年，夫为妻服丧只有期年。明代以前，如果父亲还在，儿子为母亲居丧也只是齐衰而不是斩衰。

第二，在丧服中又可以看出嫡庶的分别甚严。庶子为嫡母服丧三年（明代以后，庶子为自己的母亲也服丧三年），但是嫡子不为庶母服丧，后来改为期年丧。长子、长孙在服丧中很重要。在丧制中有所谓"承重孙"，就是由于嫡长子已死，应由嫡长子的儿子承担丧祭（和宗庙）的重任。又有所谓"承重曾孙"，承重孙或承重曾孙在讣闻（讣告）中名字是列第一位的。

第三，在丧服中明显地表现了血统亲疏的等级。因此，习惯上以五服以内为亲，五服以外为疏。《尔雅·释亲》："族父之子相谓为族昆弟，族昆弟之子相谓为亲同姓。"注："同姓之亲无服属。"这就是说，族兄或族弟的儿子相互间已经没有丧服的关系，只有同姓的关系了。

古人讲到亲戚关系时，常常用丧服来表示亲疏远近。例如李密《陈情表》："外无期功强近之亲，内无应门五尺之童。"又如杜甫《遣兴》："共指亲戚大，缌麻百夫行。"在这种情况下，期功、缌麻并不指的是丧服，而指的是亲戚了。

第十章

宫室

宫室结构

《尔雅·释宫》:"宫谓之室,室谓之宫。"宫和室是同义词。区别开来说,宫是总名,指整所房子,外面有围墙包着,室只是其中的一个居住单位。(上古宗庙也称宫室,这里不讨论。)

上古时代,宫指一般的房屋住宅,无贵贱之分。所以《孟子·滕文公上》说:"且许子何不为陶冶,舍皆取诸其宫中而用之(一切东西都只从自己家里拿来用)?"秦汉以后,只有王者所居才称为宫。

古代宫室一般向南。主要建筑物的内部空间分为堂、室、房。前部分是堂,通常是行吉凶大礼的地方,不住人。堂的后面是室,住人。室的东西两侧是东房和西房。整幢房子是建筑在一个高出地面的台基上的,所以堂前有阶。要进入堂屋必须升阶,所以古人常说"升堂"。《论语·先进》:"由也升堂矣,未入于室也。"

补订:

《礼记·礼器》:"天子之堂九尺,诸侯七尺,大夫五尺,士三尺。"

《太平御览》卷九九六引《尹文子》:"尧为天子,衣不重帛,食不兼味。土阶三尺,茅茨不剪。"

清　《钦定书经图说》卷一《帝尧图》

上古堂前没有门，堂上东西有两根楹柱。堂东西两壁的墙叫序，堂内靠近序的地方也就称为东序、西序。堂后有墙和室房隔开，室和房各有户和堂相通。古书上所说的户通常指室的户。东房后部有阶通往后庭。

室户偏东。户西相应的位置有一个窗口叫牖。《论语·雍也》说："伯牛有疾，子问之，自牖执其手。"室还有一个朝北的窗口叫向，《说文》说："向，北出牖也。"《诗经·豳风·七月》说："塞向墐(jìn)户。"（墐，涂。冬天把朝北的窗户堵住，以免寒风吹入；农民编柴作门，冬天涂上泥。）

古人席地而坐。堂上的坐位以室的户牖之间朝南的方向为尊，所以古书上常说"南面"。室内的坐位则以朝东的方向为尊。《史记·项羽本纪》说："项王、项伯东向坐。"又《魏其武安侯列传》说，田蚡"尝召客饮，坐其兄盖侯南乡，自坐东乡，以为汉相尊，不可以兄故私桡(náo)"，可见汉代还是这种习俗。

其兄，王太后的哥哥、田蚡的同母异父兄王信。盖，县名，在今山东沂水县西北。桡，屈，使相位的尊严受屈。

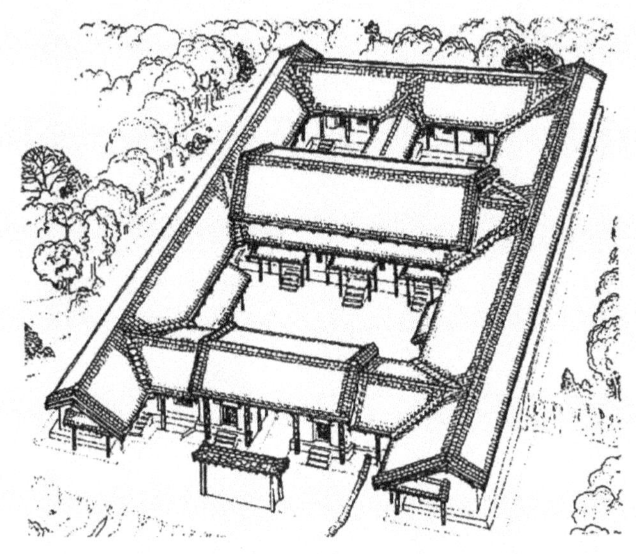

陕西岐山凤雏村遗址鸟瞰

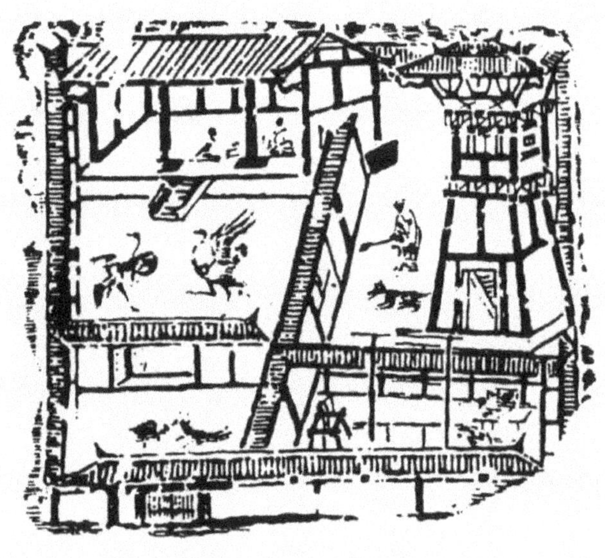

四川成都出土画像砖庭院图拓本

明　刘俊《雪夜访普图》

画的内容是赵匡胤夜访赵普，征询国是。画面为赵普宅，堂正中身着龙袍者为赵匡胤，朝南而坐，左边身穿便服拱手而坐者为赵普

汉代文献上常常提到阁和厢，这是堂的东西两侧和堂毗连平行的房子，和后世阁厢的概念不尽相同。上文说，堂东西有墙叫序。序外东西各有一个小夹室，叫东夹、西夹，这就是阁（汉代阁又指小门）。东夹、西夹前面的空间叫东堂、西堂，这就是厢。阁和厢有户相通，厢前也有阶。乐府诗《鸡鸣》篇："鸣声何啾啾，闻我殿东厢。"东厢就是东堂，殿就是前面所说的堂屋。《说文》说："堂，殿也。"秦汉以前叫堂不叫殿，汉代虽叫殿，但不限于帝王受朝理事的处所，后来殿才专用于宫廷和庙宇里的主要建筑。

以上所说的大致可以代表上古宫室主体建筑的基本法式。当然，从帝王宫殿到小康之家，宫室的丰俭崇卑是各不相同的，历代宫室制度也有变化发展，这里不能一一叙述。

汉代帝王宫殿和将相之家还有廊庑。《史记·魏其武安侯列传》说，孝景帝拜窦婴为大将军，赐金千斤，窦婴把所赐金"陈之廊庑下"。颜师古说："廊，堂下周屋也"，《说文》说"廊，堂下周屋"，廊庑似乎没有多少分别。一般人家大约是没有廊庑的。

颜师古说："庑，门屋也。"王先谦认为："庑是廊下之屋，而廊东西厢之上有周檐、下无墙壁者，盖今所谓游廊，《说文》新附以为东西序，是也。"此说不同。

悬于廊庑间。璟乃召（苏）颋咏之，立呈诗曰：'兔子死阑殚，持来挂竹竿。
试将明镜照，何异月中看。'"

　　台、榭、观、阙都是统治者的建筑。台高而平，便于瞭望。榭是台上的
木构建筑，特点是只有楹柱，没有墙壁。观是宗庙或宫廷大门外两旁的高
建筑物，两观之间有一个豁口，所以叫作阙。（编辑注：阙，同"缺"。）汉宫中有
白虎观，这种观却是独立的建筑物，至于道教的庙宇叫观，更是后起的意
义了。

　　附带说一说，先秦文献很少看见"楼"字。《孟子·告子下》："方寸之
木，可使高于岑楼。"赵岐注："岑楼，山之锐岭者。"据此则不是楼房的楼。
《说文》："楼，重屋也"，又"层，重屋也"；《考工记》上也讲到"殷人重屋"，
重屋指的是复屋（栋上加栋），而复屋是不可以住人的（段玉裁说）。《荀子·
赋》："志爱公利，重楼疏堂。"可见战国晚期出现了楼房，但是穷人的房子
形成鲜明的对比，他们的住房是筚门圭窦、瓮牖绳枢。

陕西乾县唐懿德太子墓出土《阙楼仪仗图》

建筑材料

　　我国建筑有悠久的历史。古代劳动人民和匠师们在不断地改进建筑材料和建筑技术。根据田野考古报告，我们知道殷代一般住房是在地面上挖一个地穴，穴周加培低墙，然后立柱盖顶，出入口有斜坡或土阶。这种形式的住房，考古工作者认为就是窨。《诗经·大雅·绵》说："古公亶父，陶复陶穴，未有家室。"复就是窨字的假借。帝王的宫室是建筑在地面上的，现在还看到当时的基础。基是夯土而成的台基或地基，础是柱子底部的垫石。后世建筑一直很讲究基础。

　　殷代遗址至今还没有发现瓦，屋顶大概是茅草盖的。据推测至迟周初已发明瓦，但是大多数的房子仍然是茅草屋，所以古人说"茅茨土阶""茅茨不翦"。《诗经·豳风·七月》说："昼尔于茅，宵尔索绹(táo)。亟其乘屋，其始播百谷。"可见瓦屋是挨不着农民住的。

　　尔，代词，你，这里不一定有所指。于，往。茅，草名，这里用如动词，指采取茅。宵，夜里。索，绳索，这里用如动词，绞，搓。绹，绳。亟，急。乘，升，登。乘屋，指登上屋顶去修屋顶(这里是指修理农忙时所居住的盖在田野中的屋子)。其始，指岁始，即春初。

　　砖的发明比瓦要晚些。战国遗址发现过空心砖，那是用于墓中的。但是《诗经·陈风·防有鹊巢》已经说"中唐有甓(pì)"，唐指堂涂，是堂下通过中庭通往前门去的一条路，甓，旧说是瓴甋(líng dì，一作令适)，也就是砖。（晋代陶侃有运甓的故事，也是指运砖。）但是用砖砌墙是比较后起的事。

补订：

《晋书·陶侃传》："侃在州无事，辄朝运百甓于斋外，暮运于斋内。人问其故，答曰：'吾方致力中原，过尔优逸，恐不堪事。'"

建筑技术

　　古人筑墙很早就运用版筑技术。《孟子·告子下》"傅说举于版筑之间"，所谓版筑是说筑土墙用两块木板相夹，两版中间的宽度等于墙的厚度，板外用木柱衬住，装满泥土，用杵捣紧，筑毕拆除木柱木板，就成了一座墙了。版筑技术在古代建筑中占有很重要的地位，直到现在有的地方还用这种筑墙技术。后来又用土坯砌墙，土坯叫作"墼"(jī)。

墼和砖在很多方面相近，所以东汉时也有称砖为墼的，不少汉砖上面有"墼"字。

　　斗拱是我国古代高级木结构建筑里的重要构件，同时有装饰的作用。《论语·公冶长》说臧文仲"山节藻棁(zhuō)"，旧说棁是梁上短柱，节就是斗拱。我们从战国铜器图案上可以见到类似斗拱的结构构件。

　　关于古代宫室，我们就说到这里。

战国　错金银四龙四凤方案

此案周身饰错金银花纹。上部龙顶斗拱承一方形案框，斗拱和案框饰勾连云纹。四条龙头上各有一个斗拱，再现了战国时期的斗拱造型

第十一章 车马

古书上常见车马并举。例如《诗经·唐风·山有枢》说："子有车马，弗驰弗驱。"《论语·公冶长》说："愿车马衣轻裘，与朋友共，敝之而无憾。"战国以前，车马是相连的。一般地说，没有无马的车（当然，马车之外还有牛车等），也没有无车的马。因此，古人所谓御车也就是御马，所谓乘马也就是乘车。《论语·雍也》："赤之适齐也，乘肥马，衣轻裘。"这是说乘肥马驾的车。古代驾二马为骈，驾三马为骖，驾四马为驷。《论语·季氏》"齐景公有马千驷"，这不在于说他有四千匹马，而在于说他有一千乘车。

古人说"服牛乘马"，可见马车之外还有牛车。马车古名小车，是供贵族出行和作战用的；牛车古名大车，一般只用来载运货物。

东汉　墓室壁画《君车出行图》

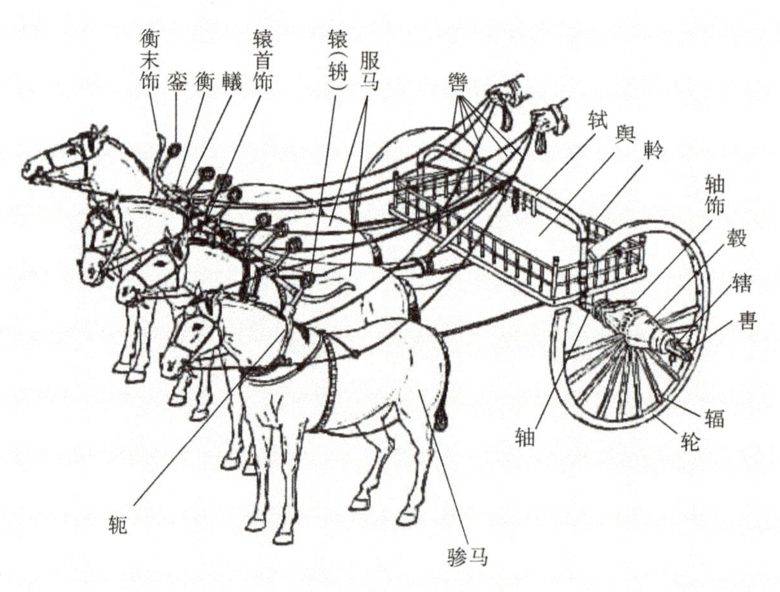

秦始皇陵铜车马示意图

古代马车的车厢叫舆，这是乘人的部分（所以后世轿子也叫肩舆）。舆的前面和两旁以木板为屏蔽，乘车的人从舆的后面上车。《论语·乡党》说孔子"升车必正立执绥"，绥是车上的绳子，供人上车时拉手用的。

商代古人乘车是站在车舆里的，叫作"立乘"。（但是"妇人不立乘"，见《礼记·曲礼上》。）舆两旁的木板可以倚靠身体，叫作轿。舆前部的横木可以凭倚扶手，叫作式（轼）。古人在行车途中用扶式俯首的姿势表示敬礼，这种致敬的动作也叫作式。（但是"兵车不式"，见《礼记·曲礼上》。）所以《檀弓》说："夫子式而听之。"一般车舆上有活动装置的车盖，主要是用来遮雨的，像一把大伞。

补订：

邹阳《狱中上梁王书》："语曰：'白头如新，倾盖如故。'"所谓"倾盖如故"，是说两个刚认识的人在路上停车，两车车盖相接，车内两人亲切交谈。指相知的两个人，一经交谈就像老朋友一样。

　　车轮的边框叫辋(wǎng)，车轮中心有孔的圆木叫毂(gǔ，孔是穿轴的)，辋和毂成为两个同心圆。《老子》说:"三十辐共一毂"，辐是一根一根的木条，一端接辋，一端接毂。四周的辐条都向车毂集中，叫作"辐辏(còu)"，后来辐辏引申为从各方聚集的意思。《汉书·叔孙通传》说:"四方辐辏。"

　　车轴是一根横梁，上面驾着车舆，两端套上车轮。轴的两端露在毂外，上面插着一个三四寸长的销子，叫作辖(又写作舝、鍵)，不让车轮外脱。辖是个很重要的零件，所以《淮南子·人间训》上提到"夫车之所以能转千里者，以其要在三寸之辖"，后来引申为管辖的意思。露在毂外的车轴末端，古代有特定的名称叫軎(wèi，又写作轊)，又叫轨。《诗经·邶风·匏有苦叶》说"济盈不濡轨"，古人常乘车渡水，这是说济水虽满并没有湿到车轴头，意思是水位不到半轮高。轨的另一个意义是指一车两轮之间的距离，引申为两轮在泥道上碾出来的痕迹，又叫作辙。《礼记·中庸》所谓"今天下车同轨"，并不是有人把天下的车辙大小都规定下来，而是规定了车子的统一尺寸，车轮的轨辙就自然一致了。

　　附带说一说轫(rèn)。轫不是车子的组成部分，而是阻止车轮转动的一块木头。行车时先要把轫移开，所以启程称为"发轫"。引申开来，事情的开端也叫"发轫"。

　　辕是驾车用的车杠，后端和车轴相连。辕和辀(zhōu)是同义词。区别开来说,夹在牲畜两旁的两根直木叫辕,适用于大车;架在当中的单根曲木叫辀,适用于小车。所以《左传·隐公十一年》说:"公孙阏与颍考叔争车,颍考叔挟辀以走。"

此据古书所记。近来考古发掘,知道上古乘人的马车多为独辕直木。又,汉代乘人的车,种类复杂化,车辕成双,驾车的马以一匹为常,这里不细说。

车辕前端架在牲口脖子上的横木叫作轭。轭和衡是同义词。区别开来说,轭用于大车,衡用于小车。所以《论语·卫灵公》说:"在舆则见其倚于衡也。"

车辕前端插上销子和轭相连,叫作輗。輗和軏是同义词。区别开来说,輗用于大车,軏用于小车。所以《论语·为政》说:"大车无輗,小车无軏,其何以行之哉?"

古人乘车尚左(以左方为尊),尊者在左,御者在中,另有一人在右陪乘。陪乘叫作骖乘,又叫车右。所以《左传·宣公二年》说:"其右提弥明知之。"兵车情况不同。主帅居中自掌旗鼓,御者在左,另有一人在右保护主帅,叫作车右。一般兵车则是御者居中,左边甲士一人持弓,右边甲士一人持矛。

车右都是有勇力之士,任务是执干戈以御敌,并负责战争中的力役之事。提弥明,人名。

　　驾车的马如果是三匹或四匹，则有骖服之分。两旁的马叫骖，中间的马叫服。一说服之左曰骖，右曰騑。笼统地说，则骖和騑是同义词。所以《楚辞·九章·国殇》说："左骖殪(yì)兮右刃伤。"王勃《滕王阁序》说："俨骖騑于上路。"

殪，死。刃伤，为兵刃所伤。

俨，整肃的样子。上路，地势高的路。这句是形容来宾车马之盛。

　　古代贵族的车马还有若干装饰附件，不一一叙述。

东晋　顾恺之《洛神赋图》（宋摹，局部）

秦始皇陵铜车马一号

秦始皇陵铜车马二号

上文说过，战国以前马是专为拉车用的。《左传·昭公二十五年》："左师展将以公乘马而归。"孔疏："古者服牛乘马，马以驾车，不单骑也。至六国之时始有单骑，苏秦所云'车千乘，骑万匹'是也。"但是孔疏又引刘炫的话，以为左师展"欲共公单骑而归"，这是"骑马之渐（开端）"。我们认为春秋时代可能有骑马的事，但那只是极个别的情况。到了战国时代，赵武灵王胡服骑射，才从匈奴学来了骑马，后来骑马之风才渐渐盛行起来的。

第十二章

饮食

粮食

上古的粮食作物有所谓五谷、六谷和百谷。按照一般的说法，五谷是稷、黍、麦、菽、麻，六谷是稻、稷、黍、麦、菽、麻。六谷比起五谷来只多了一种稻，这显然是因为水稻本是南方作物，后来才传到北方来的。至于百谷，不是说上古真有那么多的粮食品种，而是多种谷物的意思。

稷是小米，又叫谷子。稷在古代很长一段时期内是最重要的粮食。古人以稷代表谷神，和社神（土神）合称为社稷，并以社稷作为国家的代称。由此可见稷在上古的重要性。

黍是现代北方所说的黍子，又叫黄米。《诗经》里常见黍稷连称，可见黍在上古也很重要。上古时代，黍被认为比较好吃的粮食，所以《论语·微子》说："杀鸡为黍而食之。"（为黍，做黄米饭）

麦有大麦、小麦之分。古代大麦叫䅟（móu），又名来牟。

菽就是豆。上古只称菽，汉以后叫豆。

麻指大麻子，古代也供食用，后世还有吃麻粥的。《诗经·豳风·七月》：

"九月叔苴(jū)"，苴就是麻子。麻不是主要的粮食作物，古代以丝麻或桑麻并称，那是指大麻子的纤维。

现在说一说谷禾粟粱。

谷是百谷的总称。禾本来专指稷，后来逐渐变为一般粮食作物的通称。粟本来是禾黍的籽粒，后来也用作粮食的通称。粱是稷的良种。古人常以稻粱并称，认为这两种谷物好吃；又以膏粱或粱肉并称，认为是精美的膳食。

粮食炒成干粮叫糗(qiǔ)，也叫糇(hóu)粮。《诗经·大雅·公刘》："迺裹糇粮。"粮字本身也指的是干粮，行军或旅行时才吃粮。所以《庄子·逍遥游》说："适千里者，三月聚粮。"

迺，同"乃"，这里当"于是"讲。裹，包。

三月聚粮，指出发前三个月就聚集粮食。

新疆吐鲁番出土唐代花式面点

肉食

古人以牛羊豕为三牲。祭祀时三牲齐全叫太牢，只用羊豕不用牛叫少牢。牛最珍贵，只有统治阶级吃得起，比较普遍的肉食是羊肉，所以美（美味）、羞（馐）等字从羊，羹字从羔从美。古人也吃狗肉，并有以屠狗为职业的，汉代樊哙还"以屠狗为事"。《汉书·樊哙传》颜师古注："时人食狗，亦与羊豕同，故哙专屠以卖之。"可见唐人已经不吃狗了。

补订：

《史记·刺客列传》："荆轲既至燕，爱燕之狗屠及善击筑者高渐离。荆轲嗜酒，日与狗屠及高渐离饮于燕市。"又："聂政者，轵深井里人也。杀人避仇，与母、姊如齐，以屠为事。"聂政自谓"客游以为狗屠"。韩愈《送董邵南游河北序》："为我吊望诸君（乐毅）之墓，而观于其市（燕市），复有昔时屠狗者乎？为我谢曰：'明天子在上，可以出而仕矣。'"

上古干肉叫脯，叫脩（xiū），肉酱叫醢（hǎi）。本来醢有多种：醓（tǎn）醢（肉酱）外，还有鱼醢、蜃醢（蛤蜊酱）等。但一般所谓醢则指肉酱而言。上古已有醋，叫作醯（xī）。有了醯，就可制成酸菜、泡菜，叫作菹（zū）。细切的瓜菜做成的叫齑（jī）。腌肉腌鱼也叫菹（zū），所以有鹿菹、鱼菹等。在这个意义上，菹与醢相近。

补订：

菹也指肉酱，可以找到旁证。屈原《涉江》："伍子逢殃兮，比干菹醢。"菹醢是一种酷刑，即剁成肉酱。《汉书·刑法志》："汉兴之初，……尚有夷三族之令。令曰：'当三族者，皆先黥，劓，斩左右止（趾），笞杀之，枭其首，菹其骨肉于市。其诽谤詈诅者，又先断舌。'故谓之具五刑。彭越、韩信之属皆受此诛。""菹其骨肉"即菹醢。

除了干肉（脯）和肉酱（醢）以外，上古还吃羹。据说有两种羹，一种是不调五味不和菜蔬的纯肉汁，这是饮的。《左传·桓公二年》"大羹不致，粢食不凿，昭其俭也"，所谓"大（太）羹"，就是这种羹。另一种是肉羹，把肉放进烹饪器里，加上五味煮烂。所谓五味，据说是醢、醯、盐、梅和一种菜。这菜可以是葵，可以是葱，可以是韭。另一说牛羹用藿，羊羹用苦（苦菜），豕羹用薇。《尚书·说命》："若作和羹，尔惟盐梅。"可见咸与酸是羹的主要的味道。《孟子》所谓"一箪食，一豆羹"，大概就是这种羹。《左传·隐公元年》载郑庄公赐颍考叔食，颍考叔"食舍肉。公问之。对曰：'小人有母，皆尝小人之食矣，未尝君之羹。请以遗（wèi）之。'"大概也是这一类的肉羹。

舍，留着。小人，颍考叔自己谦称。尝，这里是"吃"的意思。遗，给，这里指留给。

补订：

《史记·项羽本纪》："当此时，彭越数反梁地，绝楚粮食，项王患之。为高俎，置太公其上，告汉王曰：'今不急下，吾烹太公。'汉王曰：'吾与项羽俱北面受命怀王，曰"约为兄弟"，吾翁即若翁，必欲烹而翁，则幸分我一杯羹。'""羹"即肉羹，带汁的肉。

中古以后，羹和汤意义接近。王建《新嫁娘》诗云："三日入厨下，洗手作羹汤。"

上古家禽有鸡、鹅、鸭。鹅又叫作雁(有野雁，有舒雁，舒雁就是鹅)。鸭字是后起的字，战国时代叫作鹜(wù)，所以《楚辞·卜居》说："将与鸡鹜争食乎?"鸭又叫作舒凫(fú)，和野凫(野鸭)区别开来。

补订：

《庄子·山木》："夫子出于山，舍于故人之家。故人喜，命竖子杀雁而烹之。"王先谦《庄子集解》："案：雁即鹅。《说文》：'鹅，雁也。'"郭庆藩《庄子集释》："按，雁，鹅也。《尔雅》：'舒雁，鹅。'注：今江东呼鴚(gē)。《方言》：雁，自关而东谓之鴚鹅，南楚之外谓之鹅。《广雅》：鴚鹅，雁也。即此所谓雁。"

凫又叫野鸭、鹜。《后汉书·王乔传》："王乔者，河东人也。显宗世，为叶令。乔有神术，每月朔望，常自县诣台朝。帝怪其来数，而不见车骑，密令太史伺望之。言其临至，辄有双凫从东南飞来。于是候凫至，举罗张之，但得一只舄(xì)焉。"舄，鞋。

糖

上古人们所吃的糖只是麦芽糖之类，叫作饴。饴加上糯米粉（糵），可以熬成饧（xíng）。饴是软的，饧是硬的。饧是古代的糖，但当时的糖并不是后代的沙糖。沙糖（甘蔗糖）不是中原所旧有。白沙糖叫作石蜜，也是外国进贡的东西。一般人所吃的饴或饧是麦芽糖。宋初宋祁《寒食》诗"箫声吹暖卖饧天"，卖的就是麦芽糖。

补订：

《荆楚岁时记》记载："去冬节一百五日，即有疾风甚雨，谓之寒食。禁火三日，造饧大麦粥。"杜台卿《玉烛宝典》也记载："今人悉为大麦粥，研杏仁为酪，引饧沃之。"这种食品屡见于诗。沈佺期《岭表逢寒食》："岭外无寒食，春来不见饧。"白居易《清明日送韦侍御贬虔州》："留饧和冷粥，出火煮新茶。"苏轼《次韵田国博部夫南京见寄》："火冷饧稀杏粥稠，青裙缟袂饷田头。"

饮品

古人很早就知道酿酒。殷人好酒是有名的，出土的觚（gū）爵等酒器之多，可以说明当时饮酒之盛。不过古代一般所谓酒都是以黍为糜（煮烂的黍），加上曲蘖（niè，酒母）酿成的，不是烧酒。烧酒是后起的。

茶是我国主要的特产之一。《尔雅·释木》："槚（jiǎ），苦荼。"荼、茶本是同一个字。但是上古没有关于饮茶的记载。王褒《童约》里说到"烹荼""买荼"，可见茶在汉代某些地区不但是一种饮料，而且是一种商品。《三国志·吴志·韦曜传》载，孙皓密赐韦曜茶荈（chuǎn）以当酒。《续博物志》说南人好饮茶，大概饮茶的风气是从江南传开的。南北朝时饮茶风气渐盛。唐宋以后，茶更成为一般文人的饮料了。

补订：

品茶在唐代已是文人雅事。唐代诗人卢仝《走笔谢孟谏议寄新茶》诗有："柴门反关无俗客，纱帽笼头自煎吃。碧云引风吹不断，白花浮光凝碗面。一碗喉吻润，两碗破孤闷。三碗搜枯肠，唯有文字五千卷。四碗发轻汗，平生不平事，尽向毛孔散。五碗肌骨清，六碗通仙灵。七碗吃不得也，唯觉两腋习习清风生。"卢仝烹茶，后世引为典据。

又有陆羽，字鸿渐，唐代复州竟陵(今湖北天门)人。撰《茶经》三卷，对茶的性状、品质、产地、种植、采制、烹饮、器具等皆有论述，被尊为"茶圣"。

古代汉族不吃乳类的饮料和食品。《史记·匈奴列传》："得汉食物皆去

之，以示不如湩（dòng）酪之便美也。"湩是牛马乳，酪有干湿两种。依《史记》看来，饮食乳酪都不是汉族的习惯。酥油古称为酥，本来也是胡人的食品，所以唐玄宗嘲安禄山说："堪笑胡儿但识酥。"醍醐是上等的乳酪，依《涅槃经》说，牛乳成酪，酪成生酥，生酥成熟酥，熟酥成醍醐，醍醐是最上品。凡此都可证明，饮食乳类的习惯是从少数民族传来的。韩愈《初春小雨》诗"天街小雨润如酥"，可见唐时汉人已逐渐习惯于酥酪了。

元末明初　赵原《陆羽烹茶图》

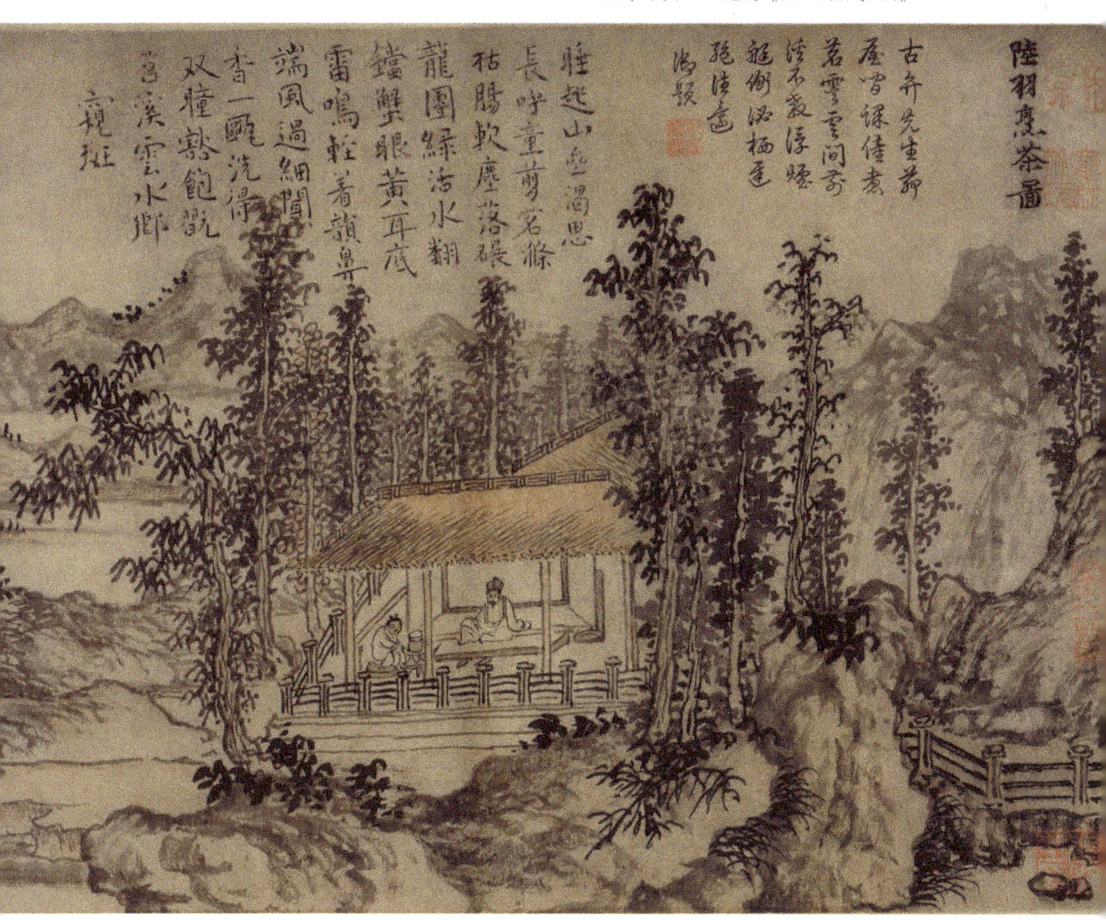

明　丁云鹏《卢仝煮茶图》

第十三章　衣饰

　　衣有广狭二义。广义的衣指一切蔽体
的织品，包括头衣、胫衣、足衣等。狭义的
衣指身上所穿的；当衣和裳并举的时候，就
只指上衣而言。下面分别叙述。

头衣

上古的头衣主要有冠、冕、弁(biàn)三种。

冠是贵族男子所戴的"帽子"，但是它的样式和用途与后世所谓的帽子不同。《说文》说："冠，絭(juàn，束缚)也，所以絭发。"古人蓄长发，用发笄绾住发髻后再用冠束住。据说早先的冠只有冠梁，冠梁不很宽，有褶子，两端连在冠圈上，戴起来冠梁像一根弧形的带子，从前到后覆在头发上。由此可以想见，上古的冠并不像后世的帽子那样把头顶全部盖住。冠圈两旁有缨，这是两根小丝带，可以在颔下打结。《史记·滑稽列传》记载："淳于髡仰天大笑，冠缨索绝。"缨和緌(ruí)是同义词。区别开来说，緌是结余下垂的部分，有装饰的作用。

《左传·哀公七年》说吴人"断发文身"，《左传·哀公十一年》说"吴发短"，《史记·越世家》也说越人"文身断发"，可见剪短头发在上古被认为是所谓"蛮夷"的风俗。至于剃光头，那是一种相当重的刑罚，叫作髡。

东晋　顾恺之《洛神赋图》(宋摹，局部)

补订：

《说苑·复恩》记载，楚庄王赐宴群臣，日暮酒酣，灯烛忽灭。有人趁机牵美人的衣服，美人以手拉断其人冠缨，又禀报庄王："刚才烛灭，有人牵我的衣服，我已拉断他的冠缨。请赶快点上火来，看谁的冠缨断了。"庄王说："请人喝酒，使人酒醉失礼，怎能因为表彰女子的名节而羞辱士大夫呢？"于是命令左右："今日与寡人饮酒，不绝冠缨者不欢。"群臣一百余人，都绝去冠缨，然后点上火来，宴会最终尽欢而罢。

古代冠不止一种，质料和颜色也不尽相同。秦汉以后，冠梁逐渐加宽，和冠圈连成覆杯的样子。冠的名目和形制也愈益复杂化了。

冠又是冕和弁的总名。冕，黑色，是一种最尊贵的礼冠。最初天子、诸侯、大夫在祭祀时都戴冕，所以后来有"冠冕堂皇"这个成语。"冠冕"又可以

用作仕宦的代称，它又被用来比喻"居于首位"。冕的形制和一般的冠不同。冕上面是一幅长方形的版，叫延（綖），下面戴在头上。延的前沿挂着一串串的小圆玉，叫作旒（liú）。据说天子十二旒（一说皇帝的冕前后各有十二旒），诸侯以下旒数各有等差。后来只有帝王可以戴冕，所以"冕旒"可以用作帝王的代称。王维《和贾至舍人早朝大明宫之作》："万国衣冠拜冕旒。"

弁也是一种比较尊贵的冠，有爵弁，有皮弁。爵弁据说就是没有旒的冕。皮弁是用白鹿皮做的，尖顶，类似后世的瓜皮帽。鹿皮各个缝合的地方，缀有一行行闪闪发光的小玉石，看上去像星星一样，所以《诗经·卫风·淇奥》说："会弁如星。"

冕、弁加在发髻上时都要横插一根较长的笄（不同于发笄），笄穿过发髻，把冕、弁别在髻上。然后在笄的一端系上一根小丝带，从颔下绕过，再系到笄的另一端。这根带子不叫缨而叫纮（hóng），此外，笄的两端各用一条名叫紞（dǎn）的丝绳垂下一颗玉来，名叫瑱（zhèn）。因为两瑱正当左右

唐 阎立本《历代帝王图》之晋武帝司马炎像

两耳，所以一名充耳，又叫塞耳。《诗经·卫风·淇奥》说"充耳琇莹"，就是指
瑱说的。

附带说一说，古时贵族才能戴冠乘车，车有车盖，所以古人以"冠盖"
为贵人的代称。"冠盖"又指仕宦的冠服和车盖，所以也用作仕宦的代称。

补订：

冠是古代士大夫身份和尊严的象征。《史记·仲尼弟子列传》记载，子
路为卫大夫孔悝之邑宰。卫灵公太子蒉聩（kuǎi kuì）与孔悝作乱，与其徒袭
攻卫出公。孔悝作乱时，子路请见蒉聩，蒉聩与孔悝登台。子路请杀孔
悝，蒉聩不听。于是子路欲纵火烧台，蒉聩害怕，令手下攻击子路，击断子

路的冠缨。子路说："君子死而冠不免。"于是结缨而死。

冠有时指仕宦。《汉书·佞幸传序》："故孝惠时，郎、侍中皆冠骏䴊(jùn yì)，贝带。"颜师古注："以骏䴊毛羽饰冠，海贝饰带。骏䴊，即鹭(bì)鸟也。"这种冠汉以后为近臣所着。严武《寄题杜拾遗锦江野亭》诗云："莫倚善题鹦鹉赋，何须不着鹔䴊冠。""鹔䴊"即"骏䴊"，"鹔䴊冠"指仕宦。

庶人的头衣和统治阶级不同。他们不但没有财力制置冠弁，而且统治阶级还不让他们有戴冠弁的权利。《释名·释首饰》："士冠，庶人巾。"可见庶人只能戴巾。《玉篇》："巾，佩巾也，本以拭物，后人著之于头。"可见庶人的巾大约就是劳动时擦汗的布，一物两用，也可以当作帽子裹在头上。直到汉代，头巾仍用于庶人和隐士。

帻(zé)，就是包发的巾。蔡邕《独断》："帻者，古之卑贱执事不冠者之所服也。"庶人的帻是黑色或青色的，庶人既不许戴冠，只许戴巾帻，在头衣的制度上就有深刻的阶级内容。所以秦称人民为黔首(黔，黑色)，汉称仆隶为苍头(苍，青色)，都是从头衣上区别的。(依陶宗仪《辍耕录》说。)

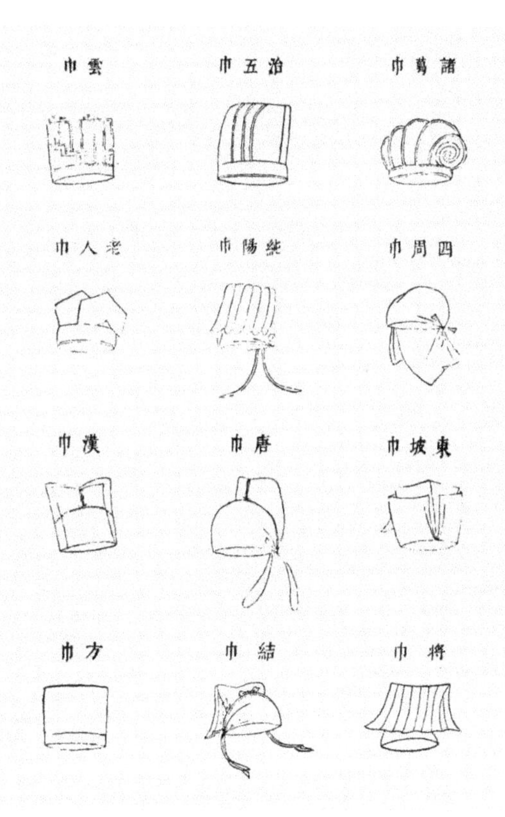

明　王圻《三才图会》衣服一卷所载各式巾

帻有压发定冠的作用，所以后来贵族也戴帻，那是帻上再加冠。这种帻，前面高些，后面低些，中间露出头发。现在戏台上王侯将相冠下也都有帻，免冠后就露出帻来了。此外还有一种比较正式的帻，即帻之有屋（帽顶）者。戴这种帻可以不再戴冠。帻本覆额，戴帻而露出前额，古人叫作岸帻（岸是显露的意思），这表示洒脱不拘礼节。《晋书·谢奕传》："岸帻笑咏，无异常日。"

帽，据说是没有冠冕以前的头衣，《荀子·哀公》："哀公问舜冠于孔子"，"孔子对曰：古之王者有务而拘领者矣"。杨倞注"务读为冒"，意思是说务就是帽。《说文》说，冃（mào）是小儿及蛮夷的头衣，冃是古帽字。但是上古文献中很少谈及帽。魏晋以前汉人所戴的帽只是一种便帽，《世说新语·任诞》说，谢尚"脱帻著帽"，"酣宴于桓子野家"，可见当时的帽还是一种便帽。后来帽成为正式的头衣，杜甫《饮中八仙歌》说，张旭"脱帽露顶王公前"，脱帽没有礼貌，可见戴帽就有礼貌了。

补订：

又有幞(fú)头，以纱罗软巾包裹头部。幞头一名折上巾，起自北周，《广韵》说："幞头，周武帝所制，戴幅巾出四角以幞头，及名焉，亦曰头巾。"《梦溪笔谈》卷一说："幞头一谓之四脚，乃四带也。二带系脑后垂之，二带反系头上，令曲折附顶，故亦谓之'折上巾'。"唐代普遍使用幞头，无论贵贱。初唐时期，幞头脚均以轻薄柔软的纱罗制成，故统称软脚幞头。初唐以后，垂于脑后的两脚逐渐加长，称为长脚罗幞头。中唐时两脚渐短，有的还将两脚反曲朝上，称为翘脚幞头或朝天脚幞头。中唐时期出现一种硬裹硬脚幞头，脑后两脚呈"一"字或"八"字形展开。晚唐时期，盛行硬裹硬脚幞头，在幞头脚中加入铁丝等作为骨架，使两脚上翘，犹如一对硬翅，也称"翘脚幞头"。五代时期，幞头的样式有直脚，直脚又名平脚或展脚，即幞头的两脚平直向外伸展。宋代幞头花样繁多，有直脚、曲脚、交脚、朝天、顺风等。幞头在宋代以后继续使用，"乌纱帽"也由此而来。

唐　阎立本《步辇图》

图中唐太宗着幞头

服饰

上文说过，古代衣裳并举时，衣只指上衣。下衣叫作裳。《诗经·邶风·绿衣》说"绿衣黄裳"，《诗经·齐风·东方未明》说"颠倒衣裳"。但是裳并不是裤，而是裙（古代男女都着裙，见下文）。《说文》说："常（裳），下帬（裙）也。"衣裳连在一起的叫作深衣。

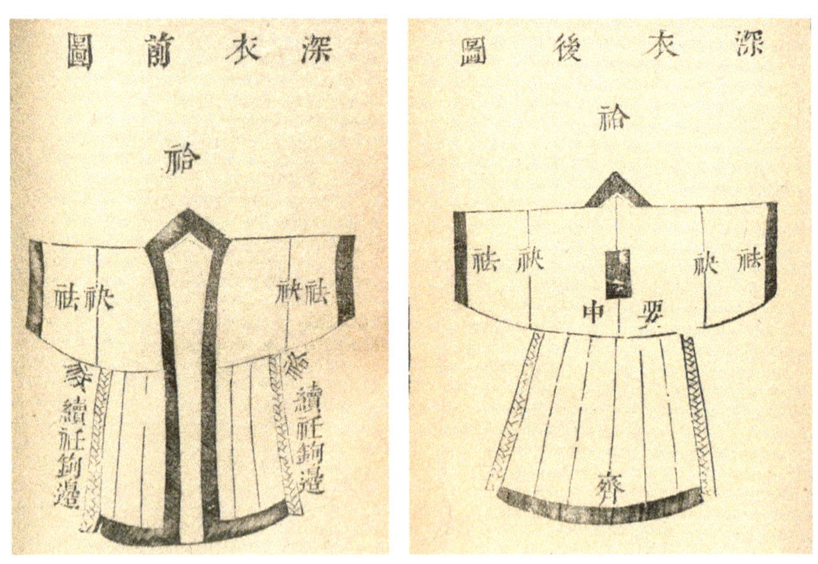

明　王圻《三才图会》衣服一卷深衣前后

补订：

《礼记·深衣》："古者深衣，盖有制度，以应规、矩、绳、权、衡。短毋见肤，长毋被土，续衽钩边，要缝半下。袼（gē）之高下，可以运肘；袂之长短，反诎之及肘。带，下毋厌髀，上毋厌胁，当无骨者。"王文锦《礼记译解》："深衣是古代诸侯、大夫、士家居所穿的衣服，又是庶人的礼服。衣裳相连，前后深长，故称深衣。古代的深衣，原有一定的制作法度，以应合规、矩、绳、权、衡。深衣短得不要露出趺面，长得不要触及地面。前裳、后裳的两侧各有衽，这上窄下宽的四条衽，各自的上边、直边都与裳幅相续接连缝，在外的斜边与底边形成略如钩状的锐角，穿上深衣的时候，每侧各有前后两衽，前衽垂附在后衽之外，共同遮掩裳际。衣裳相连的腰部，其宽度等于下衬宽度的一半。袖子和上衣在腋下缝接处的高低，要求可以在其中运转胳膊肘。衣袖的长短，除臂长外，其垂余部分，反折上来，要能够到达肘部关节。腰带，往下不要压在胯骨上，往上不要压在肋骨上，要正束在腰间没有骨头的部位。"

湖北江陵战国马山楚墓
串花凤纹绣绢绵衣

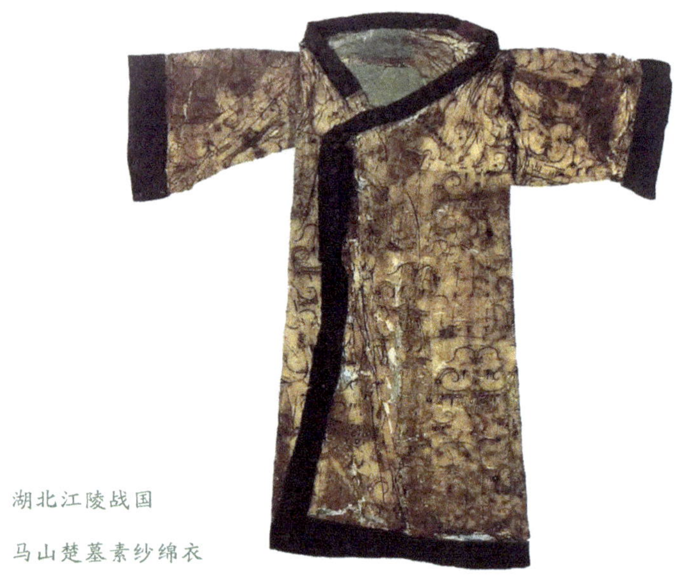

湖北江陵战国

马山楚墓素纱绵衣

古人衣襟向右掩（右衽），用绦系结，然后在腰间束带。《论语·宪问》："微管仲，吾其被发左衽矣。"可见左衽不是中原的习俗。（上古敛死者才左衽。）带有两种：一种是丝织的大带，一种是皮做的革带。大带是用来束衣的，叫作绅，绅又特指束余下垂的部分。古人常说"搢绅"，意思是把上朝时所执的手版（笏，hù）插在带间。这样，"搢绅"就成了仕宦的代

微，（如果）没有。其，句中语气词，有"恐怕"的意思。被，通"披"。被发左衽，指当时所谓"夷狄"（四方外族）的风俗，意思是说中原被夷狄所占。

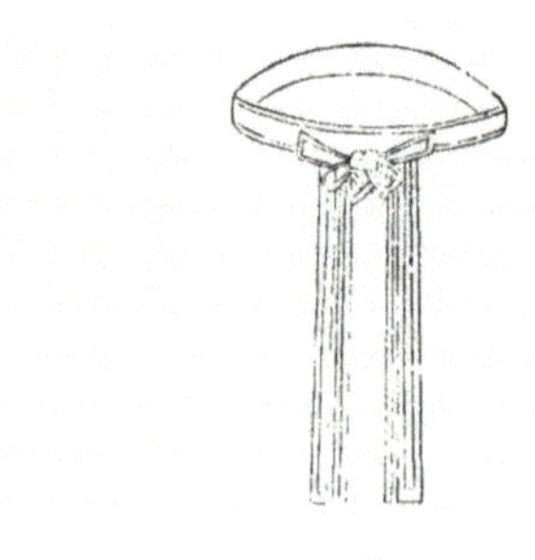

大带

称，而"绅士"的意义也由此发展而来。革带叫作鞶(pán)，这是用来悬佩玉饰等物的。

笏是古代君臣朝见时所执的狭长的板子，用玉、象牙或竹子制的，用来指画或在上面记事。搢绅又作缙绅、荐绅。《史记·五帝本纪》："荐绅先生难言之。"

古人非常珍视玉。玉器不但用于祭祀、外交和社交等方面，而且用于服饰。《礼记·玉藻》说："古之君子必佩玉。"又说："君子无故，玉不去身。"可见佩玉是贵族很看重的衣饰。据说礼服有两套相同的佩玉，腰的左右各佩一套。每套佩玉都用丝绳系连着。上端是一枚弧形的玉叫珩(héng)，珩的两端各悬着一枚半圆形的玉叫璜，中间缀有两片玉，叫作琚(jū)和瑀(yǔ)，两璜之间悬着一枚玉叫作冲牙。走起路来冲牙和两璜相触，发出铿锵悦耳的声音。《诗经·郑风·女曰鸡鸣》说"杂佩以赠之"，据旧注，"杂佩"就是这套佩

河南洛阳金村出土东周双龙头玉璜或珩

河南洛阳金村出土东周双龙头玉璜或珩

河南洛阳金村出土
东周双龙合体组佩玦

陕西西安东郊西汉窦氏墓出土玉佩

玉。此外，古书上还常常谈到佩环、佩玦（jué，是有缺口的佩环）。妇女也有环佩。

裘和袍是御寒的衣服。《诗经·桧风·羔裘》说"羔裘如膏，日出有曜"，《诗经·小雅·都人士》说"彼都人士，狐裘黄黄"，可见古人穿裘，毛是向外的，否则不容易看见裘毛的色泽。在行礼或接见宾客时，裘上加一件罩衣，叫作裼（xī）衣，否则被认为不敬。裼衣和裘，颜色要相配，所以《论语·乡党》说："缁衣，羔裘；素衣，麑（ní）裘；黄衣，狐裘。"平常家居，裘上不加裼衣。庶人穿犬羊之裘，也不加裼衣。

袍是长袄，据说里面铺的是乱麻。一般说来，穷到穿不起裘的人才穿袍。《论语·子罕》："衣敝缊袍，与衣狐貉者立，而不耻者，其由也与？"可见穿袍穿裘有贫富的差别。汉以后有绛纱袍、皂纱袍，袍成了朝服了。

缊（yùn），现在单袍也叫袍，上古没有这种说法。一说袍里面铺的新绵和旧絮。

衮，这是天子和最高级的官吏的礼服。据说衮上绣有蜷曲形的龙。后代所谓"龙袍"，就是衮的遗制。

上古时代还不懂得种棉花，所谓"絮"，所谓"绵"，都只是丝绵。（依《广韵》，精的叫绵，粗的叫絮。其实上古一般都叫絮。）因此，上古所谓布并不是棉织品，而是麻织品或葛织品。帛则是丝织品的总称。布与帛也形成了低级衣服与高级衣服的对比，贫贱的人穿不

宋　佚名《唐太宗像》

起丝织品，只能穿麻织品，所以"布衣"成了庶人的代称。最粗劣的一种衣服称为"褐"，这是用粗毛编织的，所以贫苦的人被称为"褐夫"。《孟子·滕文公上》说，许行之徒"皆衣褐，捆屦(jù)织席以为食"，这是说过着劳动人民的生活。扬雄《解嘲》说"或释褐而傅"，这是说脱掉粗劣的衣服做大官去了。后世科举新进士及第授官，也沿称"释褐"。

捆，砸。捆屦，即做鞋。编麻草鞋时要边编边砸，可以使鞋结实。以为食，等于说以此为生。

傅，太傅，三公之一。这里指傅说的故事。《墨子·尚贤》说傅说"被褐带索，庸筑乎傅岩，武丁得之，举以为三公"。按：殷武丁时未有三公的制度，文人用典不拘。

上古时代，男女服装的差别似乎不很大。直到中古，男女服装也还不是严格分开的。试举"襦"(襦，短袄，依段玉裁说)"裙"为例。乐府诗《陌上桑》"缃绮为下裙，紫绮为上襦"，这里"襦"和"裙"是妇女的服装。但是《庄子·外物》"未解裙襦"，并非专指妇女。《南史·张讥传》载梁武帝以裙襦赐给张讥，可见男人也是穿着裙襦的。只有袿(guī)被解释为妇女的上衣，这大概是可信的。(见《释名·释衣服》。今天的褂字大约是袿的音变。)宋玉《神女赋》"被袿裳"，曹植《洛神赋》"扬轻袿之猗靡"，可以为证。唐宋以后，妇女着裙之风大盛，男以袍为常服，女以裙为常服。

上古有裳无裤。上古文献中有个绔字，又写作袴，按字音说，也就是后代的裤字。但是上古所说的裤（绔），并不等于今天所谓裤。《说文》："绔，胫衣也。"可见当时所说的袴，很像今天的套裤。所不同者，它不是套在裤子外面的。袴的作用是御寒。《太平御览》引《列士传》"冯援（冯谖）经冬无袴，面有饥色"，又引《高士传》"孙略冬日见贫士，脱袴遗之"，都可为证。

补订：

《诗经·无衣》："岂曰无衣？与子同泽。"《正义》："笺以上袍下裳，则此亦衣名，故易传为'襗（zé）'。《说文》云：'襗，袴也。'是其亵衣近汙垢也。襗是袍类，故《论语》注云'亵衣，袍襗也。'"

依段玉裁说。王国维《观堂集林》卷二十二《胡服考》认为"袴与今时裤制无异"。

湖北江陵战国马山楚墓
出土绣绢绵袴

有裆的裤子叫裈（kūn），又写作幅。《释名·释衣服》说："裈，贯也，贯两脚，上系腰中也。"此外有一种裈，类似后世的短裤衩，形似犊鼻，叫犊鼻裈，穿起来便于劳动操作。《史记·司马相如列传》说，司马相如在临邛"身自著犊鼻裈"，和奴婢们一起洗涤食具。

钱大昕《十驾斋养新录》卷四"犊鼻裈"条说，裈无裆者谓之裋，裋犊声相近，重言为犊鼻，单言为突，后人如衣旁作裋。这是另一种解释。

宋末元初　赵孟頫《浴马图》（局部），画中浴马人着犊鼻裈

补订：

《世说新语·任诞》记载，阮咸和阮籍住在道路南边，其他姓阮的住在道路北边。北阮都很富有，南阮却很贫穷。七月七日那天，按曝衣习俗，北阮搬出衣服，晒在太阳下，尽是绫罗锦绣，光彩夺目。阮咸也用竹竿挂着粗布犊鼻裈，晒在庭院里。有人觉得奇怪，就问阮咸，阮咸回答说："未能免俗，姑且学大家这样做罢了。"

古人用一块布斜裹在小腿上，叫邪幅或幅（偪）。《左传·桓公二年》："带裳幅舄（xì）"，《诗经·小雅·采菽》："邪幅在下。"郑玄注："邪幅，如今行滕也；偪束其胫，自足至膝，故曰'在下'。"上古的邪幅如同汉代的行滕，相当于后世的裹腿。

鞋袜

上古的鞋叫屦，有麻屦、葛屦等。据说葛屦是夏天穿的，冬天穿皮屦。一般的屦是用麻绳编成的。编时要边编边砸，使之结实，所以《孟子·滕文公上》说"捆屦织席"。

舄是屦的别名。区别开来说，单底叫屦，复底叫舄。《方言》说，屦中有木者叫复舄，可以走到泥地里去，不怕泥湿。

履字本是动词，是践的意思。《诗经·魏风·葛屦》说："纠纠葛屦，可以履霜。"战国以后履字渐渐用为名词。《荀子·正名》："麤（粗）布之衣，麤紃（xún，鞋带）之履，而可以养体。"《史记·留侯世家》："孺子，下取履。"

古人的草鞋叫蹻（蹻、屩。《说文》说，蹻是舞履，字亦作蹻、屩），又叫屩（蹻，jué）。《孟子·尽心上》"舜视弃天下犹弃敝蹻也"，敝蹻就是破草鞋。《史记·虞卿列传》说虞卿"蹑蹻檐簦（dēng）说赵孝成王"（檐，当作担），就是穿着草鞋，掮着长柄笠（相当于后世的雨伞）去游说赵孝成王。

屐是木头鞋。屐和舄不同，舄的底下只衬一块薄板，甚至只是复底，而屐底下是厚板，而且前后有齿。《宋书·谢灵运传》记载，谢灵运常着木屐，上山则去前齿，下山则去后齿。可见屐是有齿的。战国时代就开始有屐。《庄子·天下》篇提到墨子之徒"以跂蹻为服"，跂就是屐字。但不知当时的屐有没有齿。

古书上用皮屦、革舃、革履、韦履等词来指用皮做的鞋子。皮鞋比较贵重，一般人穿不起。《说文》："鞮（dī），革履也，胡人履连胫谓之络鞮。"络鞮就是后代所谓靴，可见靴是由少数民族传入的。

鞋字古作鞵。《说文》"鞵，生革鞮也"，可见鞋是鞮的一种。后来鞋字变成了鞋类的总称，所以有麻鞋、草鞋、芒鞋、丝鞋等。

最后说一说韈（袜）。《说文》说韈是足衣，大约是用皮做的，所以写作韈。古人以跣足为至敬，登席必须脱韈。《左传·哀公二十五年》："褚师声子韈而登席。"这是对人君无礼。韈字后来又写作"练"，这暗示韈的质料改变了。

补订：

曹植《洛神赋》："体迅飞凫，飘忽若神，凌波微步，罗韈生尘。"李善注："《说文》曰：韈，足衣也。"

元　卫九鼎《洛神图》（局部）

第十四章

什物

什物很多，不可能一一加以叙述。现在只选主要的而且古今差别较大的谈一谈。

起居用具

　　古人席地而坐，所以登堂必先脱屦。席长短不一，长的可坐数人，短的仅坐一人。席和筵是同义词。区别开来说，筵比席长些，是铺在地上垫席的；席是加在筵上供人坐用的。后来筵字用来表示宴饮的陈设。陈子昂《春夜别友人》："金樽对绮筵。"近代"筵席"成为一个词，用作酒馔的代称。

　　《世说新语·德行》记载，管宁、华歆曾同席读书，有人乘轩服冕从门口经过，管宁读书如故，华歆放下书去看热闹。管宁割席分坐，对华歆说："你不是我的朋友。"

　　古代床有两用，既可以用作卧具，又可以用作坐具。《诗经·小雅·斯干》"载寝之床"，那是用作卧具；《孟子·万章上》"舜在床琴（琴，用如动词，弹琴）"，那是用作坐具。

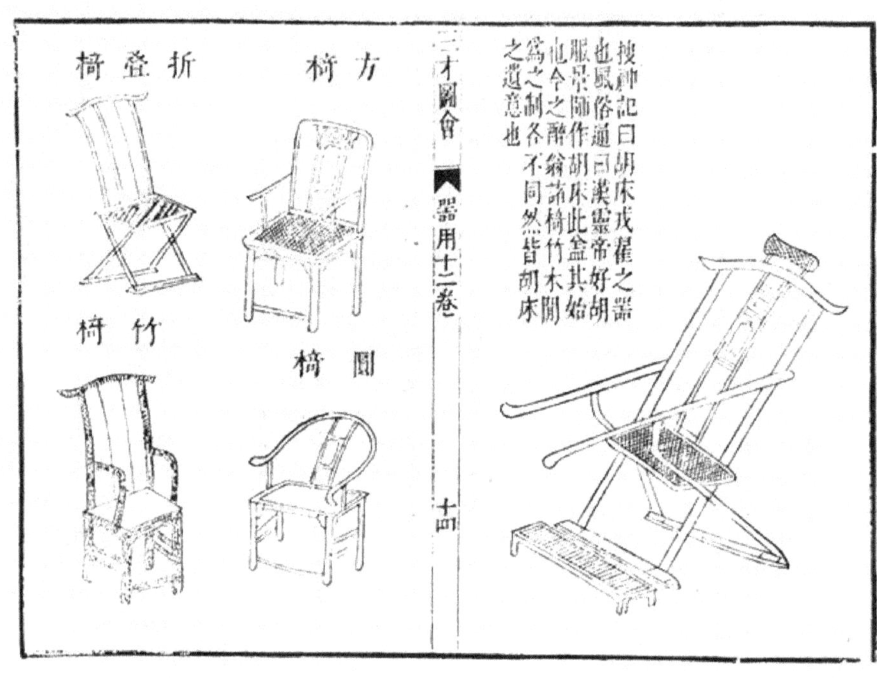

明　王圻《三才图会》

卷十二胡床图例

补订：

又有胡床，一种可以折叠的轻便坐具，又称交床。《后汉书·五行志》记载："灵帝好胡服、胡帐、胡床、胡坐、胡饭、胡箜篌、胡笛、胡舞，京都贵戚皆竞为之。"《三国志·武帝纪》："贼乱取牛马，公乃得渡。"裴松之注引《曹瞒传》："公将过河，前队适渡，(马)超等奄至，公犹坐胡床不起。"《世说新语·容止》："庾太尉(庾亮)在武昌，秋夜气佳景清，使吏殷浩、王胡之之徒登南楼理咏。音调始遒，闻函道中有屐声甚厉，定是庾公。俄而率左右十许人步来，诸贤欲起避之。公徐云：'诸君少住，老子于此处兴复不浅。'因便据胡床，与诸人咏谑，竟坐甚得任乐。"又《世说新语·自新》："戴渊少时，游侠不治行检，尝在江、淮间攻掠商旅。陆机赴假还洛，辎重甚盛。渊使少年掠劫，渊在岸上，据胡床，指麾左右，皆得其宜。"梁庾肩吾《咏胡床应教》诗："传名乃外域，入用信中京。足欹形已正，文斜体自平。临堂对远客，命旅誓初征。何如淄馆下，淹留奉盛明。"杜甫《树间》："几回沾叶露，乘月坐胡床。"程大昌《演繁露·交床》："今之交床，本自虏来，始名胡床，桓伊下马据胡床取笛三弄是也。隋高祖意在忌胡，器物涉胡言者，咸令改之，乃改交床。"

北齐　杨子华《北齐校书图》（局部）

中间男子坐胡床

北齐　杨子华《北齐校书图》（局部）

左侧一女子捧几，榻上一男子隐几

　　古人坐时两膝跪在席或床上，臀部坐在脚后跟上，坐时可以凭几。几是长方形的，不高，类似今天北方的炕几。《孟子·公孙丑上》说孟子"隐几而卧"，《庄子·齐物论》说"南郭子綦隐机而坐"，机就是几。几通常是老年人凭倚的，所以古代常以几、杖并举，作为养尊敬老的用具。

古人坐着要起身时，先把腰挺直，这叫长跪。长跪可以表示敬意，《战国策·魏策四》说秦王"长跪而谢"。又，箕踞在古代被认为是一种不恭敬的坐式，所谓箕踞，是说坐时臀部着地，两足向前伸展，膝微曲，其状如箕。《战国策·燕策三》说荆轲刺秦王不中，"自知事不就，倚柱而笑，箕踞以骂"，正表现了蔑视敌人的气概。

补订：

《史记·项羽本纪》："（樊）哙即带剑拥盾入军门。交戟之卫士欲止不内，樊哙侧其盾以撞，卫士仆地，哙遂入，披帷西乡立，瞋目视项王，头发上指，目眦尽裂。项王按剑而跽。"跽，《索隐》"谓长跪"。樊哙闯入军门，神情威怒，项羽警觉，故按剑长跪欲起。

《世说新语·简傲》："钟士季（钟会）精有才理，先不识嵇康，钟要（邀约）于时贤俊之士，俱往寻康。康方大树下锻（打铁），向子期（向秀）为佐鼓排。康扬槌不辍，傍若无人，移时（多时）不交一言。钟起去，康曰：'何所闻而来？何所见而去？'钟曰：'闻所闻而来，见所见而去。'"刘孝标注引《魏氏春秋》："钟会为大将军兄弟（司马师、司马昭兄弟）所昵，闻康名而造焉。会名公子，以才能贵幸，乘肥衣轻，宾从如云。康方箕踞而锻，会至不为之礼，会深衔之。后因吕安事而遂谮（诋毁）康焉。"吕安事：吕安与嵇康交好，妻徐氏貌美，其兄吕巽将徐氏迷奸，事情败露，吕安欲告发吕巽并遣出徐氏，问于嵇康。嵇康劝吕安，谓家丑不可外扬，其事遂止。吕巽心不自安，反诬告吕安不孝，使其流放。吕安述及前事，引嵇康为证辩证。钟会进谗言，司马昭遂将嵇康、吕安收捕下狱。

唐五代　　孙位《高逸图》（局部）

图为"竹林七贤"中人，诸人箕踞

　　古代进送食物用的托盘叫作案，有长方形的，也有圆形的，前者四足，后者三足，可以放在地上，这是食案。食案形体不大，足很矮，所以《后汉书·梁鸿传》说梁鸿妻"举案齐眉"。此外还有书案，长方形，两端有宽足向内曲成弧形，不很高。后世因为坐的方式改成今天的样子，所以才有较高的案几和桌椅。

　　先秦已有烛字，但是上古的烛并不是后世所指的蜡烛。《说文》说："烛，庭燎大烛也。"烛和庭燎是一样的东西，都是火炬。细分起来，拿在手上叫烛，大烛立在地上叫庭燎。据说大烛是用苇薪做的，小烛是用麻蒸做的。（依朱骏声说，麻蒸是去掉皮的麻秸。）

补订：

《诗经·庭燎》："夜如何其？夜未央，庭燎之光。君子至止，鸾声将将。"《毛诗正义》引郑云："在地曰燎，执之曰烛。"又云："树之门外曰大烛，于内曰庭燎，皆是照众为明。"

明　陈洪绶《举案齐眉图》

　　战国时代就有照明用的镫（灯）了，当时的镫和后世的灯不同。因为形状类似盛食物的登（瓦豆），所以就叫作镫（后来镫的形制多样化了）。古代点镫用膏，膏是兽类的脂肪，《楚辞·招魂》说："兰膏明烛，华镫错些。"点灯用植物油，是后起的事。

　　兰膏，加兰香炼的膏，燃起来有香味。烛，动词，照耀。错，错镂。些，语气词。

河南洛阳汉墓出土彩绘陶制百花灯

农具

耒耜是上古耕田的工具。《说文》说："耒，手耕曲木也。"起初是用自然的曲木，后来知道"揉木为耒"。耒和耜本来是两种农具。耒上端勾曲，下端分叉；耜的下端则是一块圆头的平板，后来嵌入青铜或铁片，就成了犁的前身。古人常以耒耜并举，例如《孟子·滕文公上》说："陈良之徒陈相，与其弟辛，负耒耜而自宋之滕。"古代注家往往认为耒耜是一种农具的两个不同部位的名称，认为耒是耜上端的曲木，耜是耒下端的圆木或金属刃片，可见耒耜混淆由来已久了。后来耒耜用作一般农具的代称。

补订：

耒最初是一根尖头木棒，后来在棒下部加一横木，便于脚踏。为了减少掘土时的俯身角度，木棒的直尖改为斜尖。尖部与木棒之间形成大于130°小于180°的钝角，称为磬折。后来，单齿(即单尖)耒向两个方向发展，一是变为双齿耒，一是变为扁平的板状刃，这就是耜。

《考工记》卷下《车人》："车人为耒，庛(cī，耒木下端的头部)长尺有一寸，中直者三尺有三寸，上句者二尺有二寸。自其庛，缘其外，以至于首，以弦其内，六尺有六寸，与步相中也。(后三句有错简，当为"六尺有六寸，以弦其内，与

明 《孔子圣迹图》之《子路问津图》(局部)

步相中也"。按:一步为六尺。《周礼注疏》卷
四二注云:"缘外六尺有六寸,内弦六尺,应
一步之尺数。")坚地欲直庇,柔地欲句
(勾)庇。直庇则利推,句庇则利发。
倨句磬折,谓之中地。"

《考工记》卷下《匠人》:"匠人为
沟洫,耜广五寸,二耜为耦。"《论语·
微子》:"长沮、桀溺耦而耕,孔子过
之,使子路问津焉。"

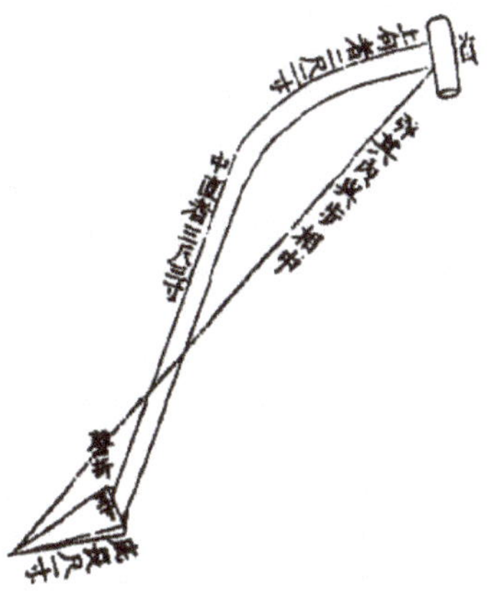

清 戴震《考工记》附图

铚(zhì)是一种短小的镰刀，钱和镈(bó)是耘草挖土的铲形农具。在上古时代，钱镈大约曾经是交易的媒介，所以春秋晚期和战国的货币模仿钱镈的形状，称为钱或布(布和镈古音相同)。

平肩弧足空首布

烹饪器具

上古的烹饪器有鼎、鬲(lì)、甗(yǎn)等。有陶制的，也有青铜制的。

鼎是用来煮肉盛肉的，一般是圆腹三足。也有长方形四足的，那是方鼎。鼎口左右有耳，可以穿铉(xuàn)，铉是抬鼎用的杠子。鼎足的下面可以烧火，有几种肉食就分几个鼎来煮，煮熟后就在鼎内取食，所以说"列鼎而食"。钟鸣鼎食是贵族奢侈生活的一个方面，王勃《滕王阁序》说："闾阎扑地，钟鸣鼎食之家。"

商　后母戊鼎

所以古人用"鼎足""鼎立"等词语来譬喻三方并峙的情况。《史记·淮阴侯列传》："三分天下，鼎足而居。"

铉是木制的杠子，以金为饰。参看《说文》键字段玉裁注。

闾阎，里巷的门，这里指住宅。扑地，等于说满地、遍地。这是说遍地住宅都是富贵人家。

古人用匕从鼎内把肉取出来后，放在俎上用刀割着吃，所以古书上常以刀、匕并举，刀、俎并举。匕是长柄汤匙。俎是一块长方形的小板，两端有足支撑着，一般是木制的，铜俎很少。

上古煮饭用鬲，蒸饭用甗（yǎn）。鬲似鼎，有三只空心的短足，下面举火炊煮。甗分为上下两层，下层似鬲，里面盛水，烧火煮水使蒸气上升到上层。上层似甑（zèng，底部有孔的蒸器），里面放米、谷之类。上下两层之间有个带着许多孔的横隔（箅 bì 子），既便于透过蒸气，又免得米、谷漏到下层。

西周　伯矩鬲

甗

补订：

《吕氏春秋》卷十七："孔子穷乎陈、蔡之间，藜羹不斟(无藜羹可斟)，七日不尝粒(无粒可食)，昼寝。颜回索米，得而爨(cuàn)之，几熟(快要煮熟)。孔子望见颜回攫(抓)其甑中而食之。选间(须臾)，食熟，谒孔子而进食。孔子佯为不见之。孔子起曰：'今者梦见先君，食洁而后馈。'颜回对曰：'不可。向者煤炱(tái，炭灰)入甑中，弃食不祥(丢掉食物不好)，回攫而饭之。'"

古书上常见釜、甑并举。《孟子·滕文公上》："许子以釜甑爨，以铁耕乎?"(爨，炊，烧火做饭。铁，指铁制的农具。)《史记·项羽本纪》："项羽乃悉引兵渡河，皆沉船，破釜、甑。"釜、甑是配合起来用的。釜似锅，它的用途相当于甗的下层；甑似盆，底部有细孔，放在釜上，相当于甗的上层。釜、甑之间也有箅子。

饮食用具

古人盛饭盛菜不用盌(_碗)。《说文》虽有盌字，那是"小盂"(_{水器})。传世古器自铭为盌的，实际上是一个小盂旁边加上一个柄，那是用来舀水的。上古盛饭用簋(guǐ)，一般圆腹圈足(_{足在腹底，成圈状})，两旁有耳，是青铜或陶制的，也有木制或竹制的。又有一种簠(fǔ)，长方形，用途和簋相同。古书上常以簋

但是这不等于说上古没有和现代碗形大致类似的器物，不过它们的名称、用途和现代所谓的碗不同。

商代晚期

青铜乙戈簋

商代晚期至西周　饕餮纹簋　　　　　战国　青铜螭龙瑞兽纹双环耳三足簋

青铜豆两种

簋并举。上古的盛食器还有豆,像今天的高脚盘,有的有盖。豆本来是盛黍、稷的,后来逐渐变为盛肉酱、盛肉羹了。古代木豆叫作豆,竹豆叫作笾,瓦豆叫作登。《诗经·大雅·生民》:"于豆于登。"铜豆还有别的名称,这里没有必要细说。

筷子古代叫箸,但是先秦时代,吃饭一般不用筷子。《礼记·曲礼上》"毋抟饭",意思是不要用手把饭弄成一团来吃,可见当时是用手送饭入口的。但是在一定情况下则用筷子。《礼记·曲礼上》:"羹之有菜者用梜(jiā)。"孔疏:"以其菜交横,非梜不可。"梜就是一种筷子。大约到了汉代才普遍用筷子。《汉书·张良传》说:"请借前箸以筹之。"

清 紫檀镶金嵌玉箸

上古的盛酒器有尊、觥、罍(léi)、壶等。《诗经·周南·卷耳》"我姑酌彼金罍""我姑酌彼兕觥",那是盛酒器。觥,同时又是饮酒器,所以《诗经·豳风·七月》说:"称彼兕觥,万寿无疆。"罍壶除了盛酒外,还用来盛水。古人用斗勺来舀酒、舀水。舀叫作挹,挹后倒到饮器中叫作注。所以《诗经·小雅·大东》说:"不可以挹酒浆。"《诗经·大雅·泂(jiǒng)酌》说:"挹彼注兹。"

姑,姑且。酌,斟酒喝。兕觥,形似兕头的觥。

称,举起。无疆,没有疆界,就是无限的意思。

西周　祖丁尊

商代晚期　青铜礼器四羊方尊

商　龙虎纹尊

商　青铜兽面纹觥

西周　青铜罍

商晚期　青铜壶

西周　应伯青铜壶

　　爵是古代饮酒器的通称。但是作为专名，爵是用来温酒的，它有三只脚，下面可以举火。上古常用的饮酒器是觚（gū）和觯（zhì），觯比较轻小，所以古人说"扬觯"。战国以后出现了一种椭圆形的杯（桮），两

　　《汉书·外戚传》颜师古注引孟康曰："羽觞，爵也，作生爵形，有头尾羽翼。"此外还有别的说法，这里不列举。

侧有弧形的耳，后人称为耳杯，又叫羽觞。杯可以用来饮酒，也可以盛羹。《史记·项羽本纪》说："必欲烹而翁，幸分我一杯羹。"杯的质料有玉、银、铜、漆等，汉代很流行。

商　饕餮纹小花觚

西周　青铜饕餮芭蕉纹觚

西周　初年父庚觯

商晚期　兽面纹觯

古书上常见槃(盘)、匜(yí)并举，二者是配合起来用的盥洗器。匜像一只瓢，有把，有足，有盖。《左传·僖公二十三年》记载怀嬴为晋公子重耳"奉匜沃盥"，可见匜是用来浇水洗手的。古代祭祀燕飨有沃盥的礼节，用匜浇水洗手时，下面用盘接住水，所以《说文》说盘是"承盘"。上古盘又用于饮食，《左传·僖公二十三年》提到"乃馈盘飧"，《史记·滑稽列传》提到"杯盘狼藉"，但还不是现代所谓的盘子。现代的盘子是瓷器发达以后才出现的。

楚墓羽觞漆杯

青铜兽面龙纹匜

以上所说的饮食用具，大多数是贵族所享用的，平民则用陶制的鬲、盆、盂、罐等器而已。

明　仇英《竹院品古》

出 版 说 明

　　《中国古代文化常识》（后简称《常识》）原为王力先生主编的汉语言专业大学教材《古代汉语》通论部分中的"古代文化常识"，由马汉麟先生执笔。该部分自成体系且架构完整，曾数次作为独立著作出版。

　　马汉麟先生故去后，王力先生亲至北大燕东园看望马先生的夫人游珏女士，并专门提出，"古代文化常识"部分可以抽出来单独出版。但颇为遗憾的是，此后出版的多个单行本多未署明马汉麟先生的名字。其中缘由，已不可得。本次出版，我们在充分尊重王力先生主编工作的同时，也希望能使广大读者充分了解马汉麟先生作为撰者所做的工作，以及诸位先生在文化教育领域的通力合作、精益求精。

　　本书以 1999 年出版的《古代汉语》通论部分为底本，由于原作完稿于数十年前，且读者对象原为文史相关专业的大学生，所谓"常识"，对于现代读者而言或许已经略显遥远和晦涩。为了使本书更好读、更易读，并使更多读者从阅读中有所收获和思考，我们邀请中国古代文学专业学者、南开大学副教授余才林先生对原作进行补订（详情请参看"补订例言"），并延续原著精约简要的写作风格，避免补订者、编辑的个人观点附着于前辈文章之上，或是过度推衍和延伸，造成增加内容脱离书稿原意、产生

同时，补订者和编辑小组又根据原作内容，增加插图百余幅，大多为古书画、古地图或古物照片，力图自浩如烟海的中国古代文化遗存中，选取最珍贵、权威，并与原作紧密相关的内容展示给读者，避免旁逸斜出。部分插图采用跨页形式，配以简明的图注，与《常识》原作及补订文字相互生发，帮助读者直观、明晰地领会中国古代文化的种种意趣。如靖边汉墓《二十八星宿图》，展现了古人眼中的璀璨星河；柳公权《九疑山赋》中"世""民"二字的缺笔，展示古人如何避帝王讳；《三才图会·斩衰图》明白还原了古代丧服的形制；等等。

此外，编辑参考《古代汉语》，并将其中与本书直接相关的部分化为注释插入文中，帮助读者理解文义，扩充知识面；对正文、原文注释、补订、图注等内容分别赋以不同字体、格式，以示区分；对普通读者容易误解之处进行考订，如"白沙糖"与"白砂糖"、"随王"与"隋王"；参阅数十种典籍，对原作疏漏之处进行修正，如"尧时禹平洪水"当为"尧崩，舜命禹平水土"、宋代"博学鸿词科"中"鸿"当为"宏"；等等。

据游珏女士回忆，《古代汉语》出版后，马汉麟先生曾仔细阅读了"古代文化常识"部分，在手校本中添加不少材料，由于手校本的佚失，此次出版没有将之插入正文，现将目前能找到的几条摘录于下："天文"一章谈到魁星时，在"古曰魁"之后补充说"北斗七星中形成斗形的四颗星（一说指其中离斗柄最远的一颗）"；"乐律"一章的开头补充说

"我国汉族的音乐，大都以五声音阶建立起来的"；"姓名"一章中说"关于贵族男女字的称呼法可参看杨宽的《冠礼新探》"，关于"别号""可查阅徐光溥的《自号录》"；在"宫室"一章谈到楼的问题，他补充说"《史记·平原君列传》'平原君家楼临民家。民有躄者，槃散行汲。平原君美人居楼上，临见，大笑之。'可见战国晚期已有楼了"。

最后，为了将以上内容充分呈现，本书采用四色全彩印刷、锁线裸脊工艺，图书可以完整摊开，文章图画，一览无遗，同时也兼顾了轻盈便携与经济实用。展开本书的护封，背面藏着一幅天文图，此图与封一所背的天文图原为《古代汉语》附录，与本书第一章"天文"前后呼应，我们希望护封不再"食之无味，弃之可惜"，而是既可收藏，亦有实用。中国古代文化博大精深、源远流长，许多问题不易展开论述。但或许正因如此，我们希望这本《常识》可以作为读者了解中国文化的一个起点，能够帮助大家收获一些有益的启示。

书中可能尚存编校疏误，恳请广大读者和各位方家批评指正，提出宝贵意见。

《中国古代文化常识》编辑小组

天津人民出版社

2022 年 12 月